The Secret of
Getting a Job

코리아리크루트 인사 채용 전문가 5인이 제안하는

취업의 비법

글을 열며

지원자도 힘들고 사장님도 힘든 채용

사장님께 경영을 하는 데 있어서 가장 힘든 일이 무엇인지 물었더니 잠시의 망설임도 없이, "사람을 채용하고 정착시키는 일이 가장 힘들다."고 말했다. 중견 강소기업이지만 신입사원 지원자가 많지 않아 기대하기 어렵고, 경력직을 뽑기 위해 인터넷에 공고를 내서, 몇 명 안 되는 사람의 입사지원서를 받는다. 지원자가 마음에 차지 않지만 면접날짜를 정해 주면 면접을 보기 전에 포기하는 경우가 많다. 심한 경우에는 면접 당일 아무 연락도 없이 오지 않는다. 전화를 해도 받지 않는다. 반면에 어렵게 면접을 보고 합격 통지를 한 후, 근로조건에 관한 협상이 끝나고, 출근한 경우에도 여러 가지 이유로 금방 퇴사하는 경우도 많다. 신규직원이 입사했어도 언제 퇴사할지 모르기 때문에 환영회식을 미룬다고 한다.

언론은 요즘이 '취업 대란'이라고 하는 데 도대체 이해가 되지 않는다. 특히 기업이 지방에 있거나 제조업 같은 경우에는 사람 구하기가 어려운데, 취업 대란이란 말이 이해가 안 된다는 것이 경영자들의 고충이다.

지방대학교 인문계열을 졸업한 A군은 집에 있기가 힘들다. 부모님이 장사를 하면서, 어렵게 학비를 대 줘서 대학을 졸업했지만 취업을 하지 못했다. 그동안 쓴 입사지원서만 수십 장이다. 졸업을 미루어 가면서 취직을 하려 했지만, 결국 취직을 하지 못하고 졸업했다. 2년이 넘도록 노력을 하지 않은 것은 아니다. 입사지원서를 작성해 보내면 응답이 없다. 그래도 '나는 될 수 있다.'는 생각으로 작성하여 보내 보지만 면접 보러 오라는 곳은 많지 않았다. 가끔 면접 일자 통보가 오면 무척 좋았다. 그러나 최종 합격한 곳은 한 곳도 없다. 취업 동아리를 만들어 준비를 했는데, 후배들만 가끔 한두 명 합격한다. 남은 사람들은 맥이 빠져서 이마저 오래 하지 못한다. 매일 취업 준비한다고 도서관에 가지만 책이 눈에 들어오지 않는다.

지원자와 회사를 이어주는 노력이 필요했다.

학생을 가르치고 상담을 하다 보면 안타까운 마음이 들 때가 많다. 취업 관련 상담이 대부분인데, 노력은 하지만 취업이 되지 않아 고민이라는 것이 대다수이다. 취업하겠다는 욕구는 높은데 계획적인 준비는 못하고 있는 것이다.

그래서 취업을 하기 위해 무엇을 어떻게 준비하고, 입사지원서와 면접에 어떻게 대응해야 하는가 등을 구체적으로 알려줘야겠다는 생각을 하였다. 입사지원자와 회사를 잇는 채용 플랫폼 역할을 할 수 있는 방법이 무엇인가 고민하다가 유사한 고민을 하는 다섯 명의 교수들과 우리나라 최초의 채용전문기업인 코리아리크루트가 함께 도움을 줄 책을 내기로 하여 이 책이 세상에 나오게 되었다.

책은 크게 4개 영역으로 구성하였다.

제1부는 취업 준비와 목표 설정이다.

면접에서 자주 묻는 질문이 원하는 '직무와 향후 포부'이다. 장기적인 계획을 가지고 처음부터 회사와 직무를 정해 악착같이 준비한 지원자와 취업하고 싶다는 생각만 갖고 기존에 작성한 입사지원서에 회사 이름만 바꿔서 제출하는 지원자와는 차이가 있기 마련이다. 원하는 직무와 회사에 대한 명확한 목표를 세우고 준비해야 함을 강조하고 있다.

제2부는 취업 전략과 실천 방안이다.

자기 자신의 역량을 충분히 파악하여 경험을 쌓고, 입사지원서와 면접을 어떻게 준비해야 하는가를 설명하고 있다. 기업이 원하는 경력기술서와 자기소개서의 각 항목에 자신의 직무수행역량을 어떻게 표현하고 제시하는 것이 좋을까? 자신의 이야기를 솔직하게 썼다고 합격되지 않으므로 기업이 원하는 바에 대한 답변을 어떻게 작성하는 것이 좋을까? 면접도 역시 마찬가지다. 면접관의 질문에 대해 자신만의 이

야기를 많이 했다고 면접을 잘했다고 볼 수 없다. 각 질문에 대해 회사와 면접관은 "이런 인재라면 우리와 함께 일할 수 있고 성과를 낼 수 있겠다."는 확신이 들도록 해야 한다. 이 책은 어떻게 입사지원서를 작성하고 면접에 응할 것인가 등을 제시하고 있다.

제3부는 직무수행능력의 이해와 역량 강화이다.

취업을 준비하는 지원자는 자기관리능력, 수리 및 정보처리능력, 문제해결능력 등에 대한 기본 소양을 갖추고 있어야 한다. 또한, 공기업, 중견강소기업과 대기업들의 취업 트렌드와 주요 변화에 대해 인지하고 준비를 해야 한다. 최근 기업의 사원 채용에 관한 동향과 추세는 수시채용으로 바뀌고 있다. 현업의 충원 니즈에 긴밀하게 대응하고, 발 빠르게 채용하자는 경향이 강하다. 면접도 직무중심의 구조화 면접으로 많이 바뀌었다. 기업이 원하는 수준의 직무수행역량을 갖춘 직원을 선발하기 위해 직무명세서를 기준으로 직무중심의 구조화된 입사지원서를 받고 다양한 방식으로 면접을 실시하고 있다. 조직적응력은 기본이고 직무 전문성 중심으로 채용하고 있다. COVID19의 영향으로 '비대면(Un-Contact) 채용'도 증가하고 있다. 또한 공정한 방식으로 채용하고자 하는 방식의 일환으로 '블라인드 면접(Blind Interview)'을 하기도 한다. 이러한 채용방식의 흐름과 변화 속에서, 입사지원자들의 마음가짐과 지식, 경험 등을 철저하게 준비하는 데 도움을 주고자 했다.

제4부는 국가직무능력표준(NCS)의 이해와 활용이다.

NCS 기반의 직무중심 채용 트렌드는 공기업을 비롯한 중견기업들로 점점 확대되고 있다. 지원하는 직무와 관련한 NCS를 바탕으로 산업현장, 실무에서 수행되고 있는 직무내용을 이해하고 NCS에서 제공하는 취업관련 서비스를 활용하면 취업 경쟁력을 갖추는 데 도움이 될 것이다.

이 책의 원고를 쓰고 책을 출판하는 과정에는 많은 사람들의 도움이 있었다. 이 책을 쓴 다섯 명의 저자들은 기업 경영의 현장에서 다년간의 인사 채용에 관한 실무경력과 대학 강의, 진로 상담 등의 경험이 많고 청년들과 기업들의 고민에 귀를 기울이는 일을 오랫동안 해왔다. 경제적, 사회적 충격으로 인해 사기가 저하된 청년과 기업들을 위해 전문가로서 해야 할 일을 하자는 의기로 투합하였다. 아울러, 청년들의 일자리를 확보해 주고 기업의 인력채용에 있어서 겪게 되는 애로사항을 해결해 주고자 노력하는 코리아리크루트 김덕원 대표로부터 집필 제안을 받아, 전문가로서의 책임의식과 사명을 바탕으로, "취업지원자의 고민과 인재가 필요한 회사에 힘이 될 책을 출판해서 조금이라도 도움을 주자."라는 일념으로 집필하였다.

이 책을 쓰면서 HR 분야의 많은 선후배와 전문가의 자료를 살펴보고, 인용하면서 더 많이 배울 수 있었기에 감사를 드린다. 혹여 내용 중에 아쉽고 부족한 부분이 있거나 보완할 사항이 있으면 지속적으로 개정 보완하기로 하고 원고를 마친다. 끝으로 공동저자들의 주장과 의견 높낮이를 조정해주고 교정과 편집에 수고해주신 한올출판사의 임순재 대표님과 편집실 여러분께 깊은 감사를 드린다.

2022년 7월, 서울교육재단 연구실에서
감성근, 박양근, 변무장, 홍석기, 홍석환

Conents

Part 02. 취업 전략과 실천 방안

Part 03. 직무수행능력과 역량 방안

Part 04. 국가직무능력표준(NCS) 알아보기

취업의 비법

PART

01

취업 준비와
목표 설정

Chapter 01

신 스펙이
'이것'이었군

1 4차 산업이 무슨 혁명이니?

A군 "교수님 인공지능, 빅데이터, 클라우드, 사물인터넷, 스마트팩토리, 메타버스, 디지털뉴딜, ESG 경영… 처음 들어보는 용어들이 많은데, 이런 것들 다 알아야 취업되나요? 그런 것들을 어디서 배워야 하는데요?"

B교수 그렇지요, 지원자들이 궁금해 하는 것 중 하나이지요, 그렇지만 겁먹을 것 없어요! 아마 회사가 원하는 건 거창한게 아닐 겁니다. 최근 IT신기술 변화와 기업경영에 대한 사회적 이슈에 대해서, 본인이 지원한 직무분야와 관련지어서 간략히 정리해 두면 되지 않을까요? 무슨 직무에 지원할건데요?"

A군 "마케팅이요."

B교수 신기술들의 개념은 인터넷상에서 얼마든지 검색하면 되고 인터넷 동영상을 통해 습득할 수 있지 않을까요? 중요한 것은 지원하려는 마케팅 분야에 새로운 기술과 사회적 요구들이 어떤 영향을 주는지에 대해서 생각을 정리하고 자기소개서 질문과 면접에 임하는 것이 필요하겠지요.

자기소개서 내용이나 면접 시에 본인이 정리한 생각을 수행할 업무에 적용하여 지금보다 개선방안를 제시할 수 있다면 그것이 설익은 생각이라 할지라도 매우 긍정적인 인상을 줄 것이라고 생각되는군요.

A군의 고민처럼 요즘 세상이 너무 빨리 변하고 다양한 용어들이 출현하고 있어 종잡을 수 없는 게 사실이다. 몇 년 전부터 4차 산업혁명 기술에 대한 주제가 줄곧 들리는가 싶더니 선진 각국들이 앞다투어 색다른 국가 산업전략 추진 방안을 내어 놓고 있다.

독일에서는 인더스트리4.0으로, 미국에서는 첨단 제조업전략으로, 일본에서는 산업재부흥플랜5.0으로, 중국은 제조2025라는 명칭으로 소개되었고 우리나라도 제조업 혁신3.0 & 스마트공장화(Smart Factory) 추진 등의 명칭으로 신기술을 활용한 첨단산업으로의 경쟁력을 갖추기 위한 노력을 기울이고 있다.

우리나라의 경우 4차 산업 관련 기술을 적용하고 실현하기 위한 하나의 대상으로 제조업 생산시스템의 고도화를 위한 스마트공장을 널리 확대하고 있다. 확대되고

있는 스마트공장의 개념은 '제품의 기획·설계, 생산, 유통·판매 등 전 생산과정에 ICT 기술을 접목하여 최소 비용과 시간으로 고객맞춤형 제품을 생산하는 지능화된 공장'을 말한다.(민관합동 스마트공장 추진단)

스마트공장의 적용범위는 생산시스템 전반을 혁신시키기 위한 요소들에 적용하는 것으로 일반적으로 공급체인관리(SCM, CRM 등) 분야, 공장운영체계(MES 등) 분야, 기업자원관리(ERP 등) 분야, 공장에너지관리(FEMS 등) 분야, 제품개발(CAD, PLM 등) 분야 등 여러 분야에 적용된다.(※영문 약어해설은 본 절 후미 참조)

이러한 분야의 각각의 세부사항은 기술직, 연구개발직 등 이공계 지원자는 관심 있게 공부해야 할 부분이다. 한편, 인문사회계열 등에서는 위와 같은 신기술 개념을 이해하고 있는 것이 유익하며, 최근 국내외적으로 관심받는 ESG 경영(환경경영, 사회적 책임, 투명경영)에 대해서도 공부해 두고 지원할 직무와 연결시켜 입사 후에 개선시킬 수 있는 방향을 고민해 보는 것도 유익할 것으로 생각된다.

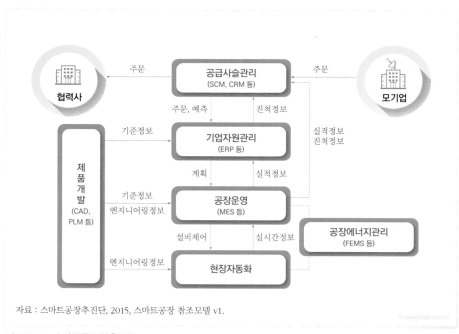

자료 : 스마트공장추진단, 2015, 스마트공장 참조모델 v1.

⊙ 그림 1-1_ 스마트공장 적용범위

질문 디지털 대전환의 시대 상황에 선제적으로 대응하기 위해, 우리 회사에 필요한 경쟁력 강화 전략은 무엇인지, 지원 분야와 연계하여 기술해 주십시오.

예를 들면, 어떤 기업이 금년 상반기 공채에서 자기소개서 질문으로 제시한 내용을 살펴보면 쉽게 이해가 될 수 있다.

위의 질문에서 볼 수 있듯이 기업들에서도 신기술을 적용해서 수익구조를 바꾸거나 새로운 사업모델 개발을 고민하고 있는 것으로 보이며, 입사지원자들의 평소 생각과 아이디어를 확인해 보고 싶어 한다. 이를 통해 직무수행 방식이나 업무시스템개선은 물론 새로운 비즈니스모형에 대한 지원자의 아이디어나 색다른 노력을 알아보고자 하므로, 지원자들은 지원하고자 하는 직무에 대해 철저히 분석해 본 후 신기술 접목이나 융복합화를 통해 창출 가능한 아이디어를 회사에 제시하면 좋을 것 같다.

그러면 위의 질문에 대해 어떤 답을 하는 것이 좋을지 합격한 선배가 알려준 자기소개서 답변 사례를 통해 살펴보자.

답변 **쌍방향 소통에 간접체험을 더하다** 라이브 커머스의 강점은 빠른 소통, 쌍방향 소통이 가능하다는 점입니다. 이러한 점에서 젊은 세대의 구매가 확대되고 있으며, 4050세대에서도 한 번 기기 활용에 적응한 고객들은 계속해서 이 방법을 활용하고 있습니다.

저는 라이브 커머스에 VR/AR 기술을 활용할 것이며, 홈쇼핑과의 동시 송출전략을 제시합니다. 기존 홈쇼핑 방송에 해당 제품 QR코드를 찍으면, VR 영상이 나타납니다. 그리고 스마트폰을 통해 해당 제품을 VR/AR 기술을 접목한 라이브 커머스로 실시간 간접체험할 수 있는 전략을 기획할 것입니다.

이를 통해 소비자는 온라인이지만 오프라인처럼, 홈쇼핑이지만 빠른 쌍방향 소통 경험을 가질 것입니다. 이러한 차별화 전략을 통해…(중략).

한편, 최근 관심을 받고 있는 ESG 경영에 대해서도 질문빈도가 높으니 준비해 두는 것이 좋겠다. 질문 예시는 다음과 같다.

1 ESG 경영이 무엇인지 간단하게 설명해 주세요.

2 앞으로 ESG 경영이 우리 사회에 어떤 영향을 미칠지 이야기 해보세요.

3 ESG를 우리 기업에 어떻게 접목하면 좋을까요?

4 탄소중립과 ESG 가치에 따른 과거 경험이 있나요?

이상 사례와 같이 큰 변화의 흐름을 이해하고 있으면서 본인 희망 직무와 관련해서 신기술을 적용해 업무프로세스 개선과 회사이익에 기여할 수 있는 방법을 찾는 노력을 제시하면 좋을 것 같다.

> ✐ 신기술 관련 자기소개서 질문 사례를 찾아서 적어보세요.
>
> ❶
>
>
> ❷
>
>
> ❸

※ 영문 약어
 · SCM : Supply Chain Management(공급망관리)
 · CRM : Consumer Relationship Management(고객관계관리)
 · MES : Manufacturing Execution System(제조실행시스템)
 · ERP : Enterprise Resource Planning(전사적 자원관리)
 · FEMS : Factory Energy Management System(공장에너지관리시스템)
 · CAD : Computer Aided Design(컴퓨터응용설계)
 · PLM : Product Lifecycle Management(제품수명주기관리)

2 직무수행능력이 어디까지 인데?

A군 "회사에서는 경력 같은 신입, 바로 업무에 투입이 가능한 사람을 뽑고자 한다는데, 취직을 해본 일이 없는 학생들이 어떻게 그걸 보여주죠? 그걸 요구하는 자체가 난센스 아니에요? 그래도 입사서류에 그걸 써야 한다니 어떻게 하는 게 좋아요?"

B교수 "그래? 참 웃기는 일 같지? 일해 본 경험이 별로 없을 것 같은 지원자들에게 그걸 요구하다니. 회사도 그걸 알 텐데 왜 그걸 증명해 보라고 할까?"

A군 "바로 현업에 투입해서 즉시 써 먹으려고 그런 사람을 찾는 것 아니겠어요?"

B교수 그래, 그게 맞을 것 같아. 신입사원 재교육 비용이 많이 들고 뽑은 후 일 가르쳐서 말귀 좀 알아들을 만하면 퇴직해 버리고 하니 최근에는 아예 신입사원 모집보다는 수시채용, 경력자 채용이 늘고 있는 것에서도 볼 수 있지. 채용 후 합격자들 중에는 골치 아프게 하는 사람들이 가끔 있거든. 그래서 잘 골라 뽑으려는 것이지. 따라서 지원자는 평소에 했던 작은 일일지라도 직무와 관련하여 수행했던 증거들을 잘 정리해 둘 필요가 있다는 것 아니겠어?"

사원을 채용할 때 위험이나 실수(Risk or Mistake) 중에 가장 중요한 것은 '인재를 잘 못 뽑는 것'이다. 인사담당자들 사이에서 얘기되는 '골치 아픈 사람'이란, 일도 잘하지 못하면서 인성도 불량한 경우이다. 이런 사람이 현업에 배치되고 나면 현업부서로부터 인사부서에 불만을 제기하는 경우가 종종 있다. 특히 소수 인원을 뽑는 중소기업에서는 채용비용과 시간낭비 등 리스크가 클 뿐만 아니라 심지어는 인사담당자가 바뀌거나 회사를 그만두는 일까지도 생긴 사례가 있다. 그래서 회사에 꼭 맞는 사람을 잘 골라서 뽑으려는 것이다.

독자 여러분이 회사의 경영자(CEO)라고 생각하고 다음과 같은 질문을 자신에게 던져 보자.

- 입사원서를 낸 이 사람은 어떤 사람인가(Who are you?)
- 왜? 우리 회사를 지원했는가(Why come to us?)
- 믿고 맡길 만한 사람인가(Can I trust you?)
- 어떤 일을 잘 할까(What do you do well?)

경영자는 우선, 입사지원서, 자기소개서, 성취 스토리 등을 통해서 지원자의 성품, 지식, 경험 등을 알고 싶어 할 것이다.

두 번째는, 지원동기를 통해, 우리 회사의 인재상에 맞는 사람인지, 그리고 제품 및 전략방향에 대해 얼마나 알고 있으며 앞으로 어떤 기여를 하겠다는 것인지를 알고 싶어 할 것이다.

세 번째는, 면접 과정에서, 일을 처리하는 근성이나 책임감, 태도와 같은 눈에 보이지 않는 인성 등을 알고 싶어 할 것이다.

그리고 감정이나 실무 경험 등을 파악하면서, 이 사람에게 어떤 일을 맡기면 성과를 창출해서 회사를 발전시킬 수 있을지 직무수행능력을 알아보려 할 것이다.

취업 준비는 위와 같은 궁금증을 갖고 있는 CEO에게 자신 있게 말할 수 있는 대답을 준비해 가는 것이며, 이 과정이 곧 취업 준비 과정이라고 할 수 있다.

예를 들면, 어떤 기업의 2021년 상반기 공채 서류전형 항목을 보면 그런 기류를 확인할 수 있다. 이 회사에서는 채용시스템 입력항목에 아래와 같은 내용을 기입하도록 했다.

1 지원직무와 관련된 취득 자격증
2 교육사항
3 경력사항
4 경험사항

그리고 평가점수 부여기준은
• 해당 내용이 직무연관성이 있는가?
• 내용이 모호하지 않고 명료한가?
• 작성한 경험수준이 높은가?
• 해당 경험이 실무적으로 적용될 가능성이 있는가? 등의 수준에 따라 점수를 부여하도록 하였다.

위 사례에서 살펴 보았듯이 지원자의 실무수행능력을 알아보기 위해

- 어떤 공인된 자격증을 취득했는지,

- 실무와 관련한 학교교육과 학교 밖 교육은 어떤 과정을 이수했는지,

- 인턴을 포함해서 임금을 받고 일해 본 경험은 어떤 것들이 있는지,

- 임금을 받지 않았더라도 경험했던 것 중에서 직무와 연관된 것들을 알아보고자 한 것임을 알 수 있다.

그렇다면 해답은 이미 나왔다. 그것은 최소한 2년 전부터는 취업할 직무를 1~2개 결정한 후, 목표취업기업을 3~5개 선정하여 선택한 직무와 회사 전략에 부합하는 자격증도 따고 직무관련 교육과정도 전략적으로 선택하고 이수하며, 인턴, 현장실습, 경진대회, 자원봉사 기회 등을 통해 사전에 실무능력을 확보할 수 있는 활동과 경력, 경험을 많이 쌓을 필요가 있음을 알 수 있다.

자세한 사항은 뒷부분 제2부 제1장 제1절 및 제2절에서 사례를 들어 살펴볼 것이지만, 최근에 채용시장에서 나타나고 있는 몇 가지 중요한 변화는 수시채용의 확산, 직무수행능력을 갖춘 인재를 채용하고자 하는 기업의 요구, 변화된 채용조건에서 요구하는 입사지원자들의 직무역량과 관련된 새로운 스펙 구축의 중요성 등에 대해 깊이 있는 이해와 새로운 인식이 절실히 필요함을 깨닫게 해주고 있다.

이와 관련하여 취업전문가들의 유용한 조언과 현실적인 팁을 얻어 보기 위해 매경이코노미(2021.9.8.)가 소개한 내용을 인용해서 살펴보면 인사전문가들 역시 채용에 있어서 직무경험을 더 중요하게 여긴다는 사례를 소개하고 있다. 주요 내용은 기업공채가 점차 사라지고 수시채용, 인턴 연계채용 등이 생기면서 취업 준비 과정은 한층 더 복잡해졌다는 것이다. 공채시기에 맞춰 '스펙'만 갖춰 놓으면 됐던 과거와 달리, 새로운 채용 방식은 지원자에게 더욱 다양한 능력을 요구하고 있다는 것이다. 도대체 취직을 위해서 어떤 준비를 해야 할지 모르겠다고 호소하는 취업준비생이 많으며, 공채가 사라지는 시대! 직업을 얻으려면 무슨 능력부터 키워야 할까?에 대해 취업전문가들의 팁을 인용해 소개하는 다음 글을 보면 취업 준비에 보다 동기부여가 될 것으로 생각된다.

 1. 직무별 기본 스펙을 쌓아라.

우선 인사전문가 두 분의 조언을 통해서 스펙의 중요성을 살펴보기로 한다. 문상헌 이사는 '많은 취업 준비생 또는 입사지원자들이 수시 채용과 인턴제 등이 연계한 채용방식이 활성화되면 정량화된 스펙(Specification)은 더 이상 쓸모가 없어질 것'이라고 말한다. 이와 같은 의

견은 일부 옳기도 하지만, 전적으로 옳다고 볼 수는 없다. 전문가들은 스펙을 '무대에 오르기 위한 기본 조건'이라고 설명한다. 과거에는 '형식적이고 수준 높은 스펙'이 외형적인 가치로 쓰일 때도 있었다. 이제는 외형적인 스펙 위주로 성적과 경력을 갖출 필요는 없으나, 또한 회사에서 요구하는 어느 정도 수준은 맞춰야 한다고 조언한다.

'스펙의 중요도는 과거보다 낮아졌지만 아예 필요하지 않은 것은 아니다. 비슷한 경험과 직무적합성이 있는 지원자 중 한 명을 골라야 할 때는 정량적 스펙이 영향을 끼친다. 경쟁 시 감점이 되지 않을 정도의 스펙은 필수조건'이라고 말했다. 다만, 스펙을 쌓을 때 과거처럼 '모든 스펙'을 다 준비할 필요는 없다. 지원 직무와 업종에서 요구하거나 이와 관련 있는 스펙을 갖추면 된다. 예를 들어, 해외영업 직무에 지원하려면 뛰어난 영어, 제2외국어 성적은 필수다. 반대로 국내 건설사의 건축 직무를 지원할 경우 외국어 성적보다는 건축 관련 자격증이 취업 성공률을 높일 가능성이 크다."(문상헌 인크루트 토털HR서비스 이사)

또한 윤혜중 대표는 "수시채용을 하더라도 경쟁률은 기본이 수백 대 1이다. 모든 지원자를 자기소개서 하나만으로 평가할 수 없다. 이때 인사팀은 "업무와 관련이 있는 역량을 갖춘 스펙의 유무로 서류를 필터링(Filtering)한다. 따라서 업무를 수행하는 데 필요한 능력을 증명하는 자격증 위주로 준비하는 게 좋다."(윤혜중 폴라리스커리어 대표)

2. 수시채용으로 늘어난 기회를 '활용하라'

인사전문가인 인크루트 정연우 팀장은 "신입사원을 한 번에 수백 명씩 모집하는 공채와 달리 수시채용은 인력이 필요한 직무와 사업부서별로 채용공고를 낸다. 따라서 취업문이 좁아지는 것 아니냐는 우려도 제기되지만, 취업목표 기업과 직무분야를 명확히 설정하면 오히려 취업문이 넓어질 수 있다."라고 한다. 통상적으로 공개채용은 상반기의 경우 4~5월, 하반기는 9~10월에 집중되고 있어 선호기업의 모집일정이 중복되거나 집중될 수밖에 없어 원서를 접수하고 주어진 준비기간에 여러 기업의 면접을 동시에 대비하거나 해야 했다. 반면 수시채용은 공채에 비해 모집일정이 분산되므로 이런 점에서 자유롭다. 또한 막연하게 스펙을 쌓지 않고 '선택과 집중' 전략을 통해 자신의 전공이나 취업 희망 직무, 업종 맞춤형으로 준비할 수 있다는 것 역시 장점이며, 직무별로 갖춰야 할 역량이 명확하기 때문에 소문에 휘둘리지 않고 보다 알찬 준비가 가능하다는 것을 강조해 준다.

"공채보다는 수시채용 체제에서 오히려 취업의 기회가 더 많다. 기존 공채는 대부분 정해진 기간이 있기 때문에 모집기간이 겹친다. 면접, 필기시험이 같은 날에 잡히면 어쩔 수 없이 몇 개의 기업만 선택해야 했다. 반면 수시채용은 채용일정이 몰리지 않아 공채에 비해 오히려 지원기회가 많다. 따라서 늘어난 기회를 잘 살릴 수 있도록 준비를 철저히 해두는 것이 좋다."(정연우 인크루트 팀장).

3. 직무수행역량을 '늘려라'

채용사이트 사람인 임민욱 팀장의 상세한 조언을 통해 공채와 수시채용에 관한 이해를 높여 보기로 한다. 공채 전형에서는 지원자의 '성실성'과 '적응력'을 주로 평가한다. 입사 후 어느 부서로 배치될지 모르기 때문이다. 어느 부서에 가도 불만 없이 일할 성실성과 적응력을 필수능력으로 뽑았다. 그래서 봉사활동, 학점, TOIEC 성적 등 취업준비생의 성실성을 증명할 수 있는 '정량화된 스펙'이 필요했다. 반면 수시채용은 부서에 인력이 필요할 때마다 채용공고를 낸다. 일할 부서와 직무가 명

확하다. 이 때문에 구직자에게 요구하는 역량이 공채와는 다르다고 분명히 설명해 준다. 일하고자 하는 직무를 제대로 수행할 수 있는 능력, 즉 '직무역량'을 갖춘 인재를 원한다는 것이다. 실제로 인재 채용 알선 전문기업인 '사람인'이 기업 337개사를 대상으로 조사한 결과, 2021년 하반기 서류전형에서 가장 중요하게 평가할 요소로 '인턴 등 실무경험(59.9%, 복수 응답)', '전공(15.1%)', '자격증(7.7%)' 등 직무 관련 요소들이 상위권을 차지했다. 면접에서도 역시 '직무수행능력(48.4%, 복수 응답)'이 가장 많았다고 한다. 한편, 직무수행역량에 대해서도 상세히 설명해주고 있다.

직무역량을 쌓으려면 경험과 지식, 두 가지를 골고루 챙겨야 한다. 먼저, 경험에 대해서는 직무 경험을 얻기에 가장 좋은 활동은 직무와 관련된 인턴 체험이다. 최근 기업들은 인턴에게 단순 업무만 맡기지 않는 추세다. 실제 직원들과 함께 일하며 성과를 낼 수 있도록 실무 참여를 적극 유도한다. 설령 단순 업무라 해도, 기업에서 실제 현업 담당자들과 함께 업무를 수행하면서 회사의 '분위기'를 익히는 것은 큰 도움이 된다. 아예 업무를 경험하지 않은 사람과는 큰 차이가 난다는 것을 알 수 있다.

직무 관련 아르바이트 경험도 매우 유용하다. 서비스직을 예로 들어보자. 편의점, 영화관 등에서 고객응대 아르바이트 경험을 한 경우, 해당 기업이나 동종 업계, 같은 직무 채용 때 우대를 받는 경우가 많다. 아르바이트를 할 때, 단순히 시간을 때운다는 자세가 아니라 적극적인 '직업정신(Professionalism)'으로 직원 입장에서 개선점을 생각해보거나. 사소한 일에서도 새로운 아이디어를 구상해보는 것도 좋다. 실제 제안한 것이 받아들여졌다면 금상첨화다. 면접 평가자에게 전혀 다른 임팩트를 줄 수 있기 때문이다. 이런 경우는 선배들의 경우에서 많이 보아온 현실이다.

면접관이 직무 경험을 묻는 이유는 결국 '현장에서 수행하게 될 직무에 대한 사전적 지식과 전반적인 이해도를 가지고 있는 사람인지'가 궁금한 것이다. 반면에 신입사원의 입장에서는 "학교생활과 대외활동 경험 중 특정한 부분에 집중했는데, 그것이 직무를 이해하는 데 도움이 됐다는 것을 알았다."고 설득하는 게 중요하다. 자기소개서는 표면적인 사실을 나열하기보다는 아르바이트, 대외활동 등의 경험 중 어떤 특징에 매료됐는지, 직무와 어떤 연관성이 있었고 어떤 점을 배울 수 있었는지 등을 잘 정리해서 쓰는 게 좋다고 강조해 주고 있다.

한편, 직무 지식은 '전공'과 '자격증'이 중요하다. 자신이 원하는 직무와 관련된 전공을 공부하며 소양을 갖추는 것은 기본이다. IT 기술이나 건축, 자동차 설계 등 특수 전문 분야들은 전공 지식과 관련된 직무 테스트를 하는 경우도 많다. 직무와 관련된 자격증도 본인의 직무 지식을 증명하는 데 도움이 된다. 특히 일부 직무 분야는 특정 자격증 소지자에 한해서만 지원을 받기도 하므로 미리 알아보고 대비해야 한다는 것을 강조해 주고 있다('사람인', 임민욱 팀장). 취업 준비에 있어서 위와 같은 전문가들의 조언을 잘 새겨서 철저한 준비와 좋은 성과를 얻기를 바란다.

지원 직무수행능력 증거를 아래 표에 작성해 보자.

🖊 지원직무와 관련되어 취득한 자격증을 기록해 보세요.
① 한국사능력시험1~2급(거의 필수임)
❷
❸
❹

학교 내 수강 과목을 기록해 보세요(지원직무 관련).	학교 밖 이수 교육 과정을 기록해 보세요(지원 직무 관련).
❶	❶
❷	❷
❸	❸
❹	❹

경력 직무 제목을 적어보세요.	경험 직무 제목을 적어보세요.
❶	❶
❷	❷
❸	❸
❹	❹

3 인성이 그렇게 중요해?

A군 "선배들 직장생활 얘기를 들어보니, 퇴근 후에는 휴대폰을 무음 설정하고 아예 안 받는다고 하데요." 어떤 선배는 "6시 되면 컴퓨터 끄고 바로 퇴근한다고 하길래, 먼저 퇴근하겠다는 인사를 할 때 상급자들 반응은 어떻던가 물어보니, 인사하면 그분들 업무에 방해되므로 인사 안 하고 바로 나온데요. 햐 ~ 진짜 스트레스 1도 없겠어요."

B교수 "좋아, 생산성만 높다면야, 그러나 기본 인성이 그러면 곤란하겠지. 그리고 개중에는 그런 사원들이 있긴 하지, 하지만 그게 정상이라고 생각해도 될까?"

흔히 듣거나 보는 현상이다. '워라밸(Work and Life Balance), 워라밸'하는데, 과연 이런 땡돌이 땡순이들의 행동, 특히 퇴근할 때 선배들 근무에 방해될까봐 인사도 안 하고 퇴근한다는 것이 과연 옳은 행동인지는 잘 판단해 보아야 한다.

최근 법정 근무시간 준수나 격무를 줄여주는 것도 직원들의 행복을 증진하는 하나의 방안으로 보고 있다. 그러나 쉽게 되는 일은 아닌 것 같다. 업무생산성이 문제되지 않으면 다행이긴 하지만 팀원들에게 인사도 없이 퇴근하는 것은 소통장애와 인성까지 염려하게 될 듯하다.

2018년 7월 1일부터 '주5일 52시간 근무제'가 법제화되었다. 2004년 주 5일제 도입 이후 가장 큰 근무환경변화다. 300인 이상 기업과 공공기관 근로자는 일주일 동안 평일과 휴일 근로를 포함해 52시간 근무제를 준수해 오고 있다. 50~299인 기업은 2020년 1월부터, 5~49인 기업도 2021년 7월부터 주 52시간 근무제를 시행하고 있다.

근로시간 단축이 정착된 선진 기업은 자발적 참여를 통한 근무윤리가 보편화되어 있고 직원들은 업무시간에 개인적인 전화, SNS 등 사적 시간을 낭비하기보다는 업무시간에 온전히 일에 집중한 뒤 정시에 퇴근하여 저녁을 즐기는 삶을 우선시한다. 직원들은 근무시간에 업무에 집중하여 생산성을 높이고, 회사는 이러한 조건들을 만들어주는 분위기가 조성되고 있다.

근로시간 단축에는 직원들의 인식전환과 업무몰입도 향상방안이 수반되어야 할 것이다. 또한 회사 차원의 조직문화 개선 노력도 필요할 것이다. 규정된 근로시간 중에 업무에 몰입하고 성과를 낸다면 매우 바람직할 것이다. 다만 염려되는 것은, 생산성 없는 근무시간 지키기는 길게 보면 회사의 경쟁력을 약화시킬 수 있다. 따라서 기업이나 조직의 생산성을 높이는 혁신을 해나가면서 또한 구성원 스스로의 의식전환도 함께 이루어져야 할 과제인 것이다.

요즘 기업들의 관심사 중의 하나는 '일하기 좋은 직장'을 만드는 것이다. 구성원들이 상호 존중감과 배려심을 기반으로 직장생활을 영위한다는 것은 분명 건강한 조직을 이루어가는 토대라고 볼 수 있다. 이러한 즐거운 직장에 대한 조직의 관심에도 불구하고, 실제 구성원들이 체감하는 '직장에서의 즐거움'은 그다지 크지 않은 듯하다. 몇 가지 자료들을 살펴보면, 그 이유 중의 하나로 주변 동료의 무례한 언행으로 인해 직장생활에서의 불쾌감을 경험하는 구성원이 증가하고 있다는 점을 들 수 있다. 이와 관련한 외국의 사례를 보면 미국 직장인을 대상으로 한 연구에서는 무려 96%의 직장인들이 무례함을 경험한 것으로 나타났다고 한다. 특히 약 50%의 응답자는 일주일에 한 번 이상 무례한 언행을 경험하고 있다는 점이다. 또 다른 연구에서도 응답자의 43%는 직장에서 무례함을 경험하고 있으며, 38%는 과거에 비해 무례함이 더욱 심각하게 증가하고 있다고 느꼈다고 한다(LG경제연구원). 또한 우리나라의 경우에서도 최악의 부하직원으로서 '위아래 없는 건방진 부하'가 1위를 차지하는 것으로 나타나, 무례함이 조직에서 많은 이슈가 되고 있음을 알 수 있다(취업포털 사이트 커리어).

위와 같이 구성원의 스트레스를 가중시키고 조직의 성과에까지 좋지 않은 영향을 미치는 요인으로서 '직장 내 무례함(Workplace Incivility)'이 주목을 받았고 이에 관한 개선이 많이 되고 있지만, 현실적으로는 조직 내에서 알게 모르게 무례한 언행이 발생하고 있다고 한다.

이러한 이유에 대해 LG경제연구원의 자료(2012)에서는 첫 번째 이유로, 경쟁과 성과중심의 조직분위기로서 '나만의 일' 또는 '나만의 성과'에 집중하도록 만드는 반면, 일을 수행하는 과정에서 사람들과의 '관계' 또는 '직장 매너'에는 상대적으로 덜

관심을 갖게 만들고 타인에 대한 배려보다는 자기 자신의 생존만을 신경 쓰다가 정작 남에게는 무례한 행동을 할 가능성이 높다는 것이다. 이처럼 직장 내에서 무례한 행동의 빈도가 늘어나는 것은 경기침체에 따른 노동 강도의 심화와 고용불안에 따라 자기 이익만을 우선시하는 경향 때문이라고 지적하고 있다.

두 번째 이유로, 새로운 세대와의 공존으로 인해 발생하는 서로 다른 가치관 또는 언행에 대한 이해의 부족을 들고 있다. 특히 신세대들이 보이는 자유분방한 언행이나 개인을 우선시하는 언행은 기성세대 입장에서는 다소 무례하게 비춰질 수도 있다. 실제로 취업포털 사이트인 사람인이 직장인을 대상으로 한 설문조사(2010년) 결과를 보면, 부하로부터 하극상을 당했던 경험이 있다고 응답한 사람은 약 30%였으며, 이들이 지목한 가장 많은 빈도의 유형은 '말대꾸(약 42%)'인 것으로 나타났다.

이와 같은 직장 내의 무례한 행동을 예방하기 위해서는 '과연 무엇이 무례한 행동으로 비춰질 수 있는가?'에 대한 명확한 인식과 교육이 필수적이라고 LG경제연구원 자료는 지적하고 있다. 무례한 언행의 유형은 조직의 고유한 문화나 구성원의 특성 등에 따라서 다를 수 있다. 따라서 조직구성원들은 과연 우리 조직에서 어떠한 행동들을 무례한 행동으로 인식하는가를 규명하는 작업을 하고, 상사 간 동료 간 예절 및 매너를 습득할 수 있도록 도와주는 조직 차원의 교육을 시행하는 것이 필요하다.

앞서 살펴보았던 이른바 '워라밸'은 개인의 일과 생활이 조화롭게 균형을 유지하고 있는 상태를 의미한다. 그런데 아마존의 CEO 제프 베조스(Jeff Bezos)는 "워라밸이 일과 삶의 균형이 아닌 'Work and Life Harmony'를 추구해야 한다고 하며 일과 생활이 조화를 이뤄야 한다.'는 의미를 강조했다(중앙일보, 2018. 05.13).

워라밸이 'Work and Life Balance'가 아닌 'Work and Life Harmony'를 추구해야 한다는 그의 주장이 일리가 있다고 지지하는 의견도 있다. 요즘 젊은이들이 바라는 따뜻함만이 있고 엄격함이 없는 조직은 지속가능성장을 보장하기에는 불안한 요소가 내재하고 있다. 일부 사람들은 워라밸은 몽상일 뿐이라고 말하기도 한다. 사실 워라밸을 유지하기란 매우 힘든 일이다. 어떤 어려운 문제를 해결해야 하고 해당 업무에서 최고의 경지에 오르려면 밤잠을 잊고 매달려야 할 때도 있고 그러기 위해서는 삶의 희생이 불가피할 때도 있기 때문이다.

결국 워라밸은 일하는 문화를 개선하고 일과 개인의 생활이 조화와 균형을 이루며 양립 가능하도록 하자는 취지에서 비롯된 것으로 볼 수 있다. 가정에서 행복한 시간을 보내게 된다면 에너지가 충만한 상태로 출근할 수 있다. 그리고 직장에서 즐겁게 일한 뒤엔 역시 건강한 에너지를 가지고 집으로 돌아갈 수 있다.

위에서 본 바와 같이 워라밸과 자신의 직장생활관을 너무 이기적으로 생각하다 보면 직장 내에서 무례함이 발생할 수 있다. 자기 업무를 잘 처리하고 성과를 내면서 주변 동료와 상사들에게 무례함이 비춰지지 않도록 하기 위해서는, 자기가 할 일은 제때에 제대로 완수하고 퇴근할 때는 상사가 지시했거나 업무에 관련해서 궁금한 것이 없도록 설명한 후 퇴근하는 것이 맞는 행동이 아닐까 생각된다(가재산·장동익).

직업생활에서 도덕과 윤리를 거창하게 생각하지 않아도 된다. 신입사원으로서 예의를 잘 지키고 모르는 것은 혼자 판단하지 말고 선배에게 물어보고, 퇴근할 때는 진행사항을 말씀드린 후 인사하고 퇴근하며, 협력업체 직원들에게 친절히 대응하는 등과 같은 일상생활의 기본예절만 지켜도 충분하다.

이러한 이슈에 대해 지원자의 태도와 생각을 묻는 자기소개서 질문이 반드시 등장한다. 한 가지 질문사례로 2021년 상반기 어떤 회사 신입사원공채에서 도덕성과 관련된 자기소개서 질문을 소개한다.

질문

· 우리 회사에 적합한 윤리·청렴의식을 가졌는가? 이에 대해 설명해 주십시오.
· 상사가 야근을 요청할 때 어떻게 하시겠습니까?

위의 질문에서 볼 수 있듯이 최근 우리 사회와 기업들에서는 기업의 사회적 책임 실천, 임직원들의 직업윤리 등을 강조하고 있다. 따라서 이런 종류의 질문은 모든 회사에서 거의 다 제시하고 있다고 보면 된다. 이에 대해 지원자들은 자신이 과거에 실천했던 도덕적 행위나 활동, 청렴을 실천했던 내용 또는 인성과 관련한 사항들을 잘 기술하여 인정을 받을 필요가 있다. 입사지원서 기재사항으로서 준비해야 할 필수 내용 중 하나이다.

이와 관련하여 좀 더 장기적 문제도 고려하면서 생활할 필요가 있다. '평판조회'라는 것이 있다. 추후 경력사원으로 타 회사로 이직을 할 때 반드시 거치는 과정이다. 본인은 모르게 인사부서에서 다방면으로 평판 조회를 거치는 것이 일반적이다. 신입사원으로 입사한 후부터 퇴직할 때까지 근무하는 동안 본인의 모든 생활태도와 직업윤리 등에 대한 피드백이 철저히 진행된다고 보면 된다. 따라서 입사 시점부터 퇴사할 때까지, 아니 직업생활을 완전히 은퇴할 노령기까지 도덕과 윤리, 청렴과 규정준수 등과 관련된 규범에는 철저를 기해야 한다.

> ✎ 인성, 윤리 관련 자기소개서 질문 사례를 찾아서 적어 본 후, 자신의 생각과 활동을 바탕으로 질문에 대한 답을 생각해 보십시오.
>
> ❶
>
>
> ❷
>
>
> ❸

Chapter 02

나도 나를
알고 싶어

1 진짜 하고 싶은 일은 뭐지?

A양   이런 일을 하려고 지금까지 이 고생을 했는지 후회가 됩니다.

B군   아니, 그 일이 어때서요? 남들은 하고 싶어도 못하는 일입니다.

A양   그런가요? 정말 힘이 들어서 하는 얘기입니다.

B군   요즘 세상에 힘들지 않은 일이 어디 있나요?

대학을 나오면 엄청난 일이 기다리고 있을 줄 알았던 그녀는, 은행 창구에서 현금만 세고 있다고 불만이 가득한 얼굴로 하소연을 하고 있었다.

의사에게 물었다. "아이고 말도 마시오. 큰 수술 예를 들면, 심장 수술이나 뇌 수술을 앞두고는 며칠씩 잠을 이루지 못합니다."

판사에게 물었다. "에고, 말씀도 꺼내지 마시오. 죽을 죄를 지은 사람에게 중형을 내려야 할 때는 과연 내 판결이 옳은 건지 몇 번씩 되짚어 보면서 성찰을 합니다."

법대를 나와 화실에서 심부름을 하다가 화가가 된 클림트, 고등학교를 중퇴하고 세계적인 축구선수가 된 젊은이, 인천에 있는 공고를 나와 세계 최고의 첼로를 제작한 분의 삶을 보면서 인간에게 감추어진 능력과 자질이 얼마나 무한한 지를 알 수 있다. 직장을 그만두고 청소를 하면서 그림을 그리는 작가가 있다. 78세에 대학원에서 영어로 강의를 하며 80세 넘어 책을 쓰고 있는 어른이 있고, 수백억 원의 재산을 대학교에 흔쾌히 기부하시는 분이 있다.

솔직히 말해서 이 세상에, 자신이 하고 싶은 일을 하는 사람이 얼마나 될까?

이들의 공통점은 "스스로 한계를 짓지 않고, 경계를 넘나들며, 원하는 일에 도전한다."는 거다. 전공과 나이를 따지고, 학력과 고향을 물으며, 자신의 무능함에 대한 핑계를 대는 사람들이 있다. 두려움을 환경의 탓으로 돌리거나 자신의 게으름을 부모의 잘못으로 핑계를 대기도 한다.

전 세계인들과 협력을 하고 경쟁을 하는 과정에서 최고의 성과를 올리는 스포츠

선수들과 K-Pop 가수들, 기술로 승부하는 기업들을 보면서 감동을 받고 응원을 한다. 세계시장을 지배하는 기업과 전문가들을 보면서 위안을 받는다.

그들은 모두 처음부터 자신이 무얼 하고 싶은지 알고 있었을까?

어려서부터 자질을 발견하고 부모의 도움으로 일찌감치 자신의 길을 찾은 사람도 있고, 온갖 힘든 일을 겪으면서, 어쩌다가 우연히 자신의 꿈을 이룬 사람도 있다. 오다가다 만난 사람이 인재임을 알아보고 키워준 연예인이 있고, 어쩌다가 스친 사람을 다시 만나 더 큰 세상을 보게 되는 경우도 있다. 그러므로 자신이 하고 싶은 일이 아니었다고 지레 짐작하면서 포기하거나 실망할 필요는 없다. 먹고 살기에 바쁜 부모는 자식의 미래나 적성에 신경도 쓰지 못하는 경우도 있고, 여유 있는 부모라 해도 자식의 미래와 성장에 신경 쓰지 않고, 알아서 잘 되리라 믿어 주는 사람도 있다. 무엇이 좋고 나쁜 건지 함부로 판단할 수는 없다. 저마다 가정환경이 다르고 선천적 유전인자와 DNA가 다르기 때문이다.

자신의 적성이 무엇인지 알아보기 위해 여러 가지 방법을 시도해 본 경험이 있겠지만 다음과 같이 빈 종이에 몇 가지를 질문을 하면서 빈칸을 작성해 보면, 뭔가 갑자기 떠 오르는 아이디어가 있을지도 모른다.

좋아했던 과목	싫어했던 과목	더 공부하고 싶은 과목
· 국어, 영어 · 사회, 윤리	· 수학, 통계학 · 논리학	· 심리학, 미학 · 역사, 철학

기회(Opportunity)	싫어했던 일	더 해보고 싶은 일
· 발표, 설명 · 글쓰기, 독서	· 운동, 체육 · 바둑, 장기 등 게임	· 시인, 소설가 · 교장선생님

직업경력이 좀 있는 독자라면, 아래와 같은 양식을 만들어 솔직하고 자유롭게 적어 보면 좋겠다.

지금까지 해 온 일	앞으로 해 보고 싶은 일	반드시 해야 할 일
• 용접, 선반(旋盤) • 컴퓨터 프로그램 작성 • 인사 노무 교육 • 강의 자기계발서 저술	• 소설가 / 시인 • 직업 상담 • 정부 정책 자문	• 부채 상환 • 책 기부 • 사회 봉사활동 등

어떤 사람들은 "하고 싶은 일을 해야 성공한다."고 이야기하지만, 하고 싶은 일이 무엇인지 자신도 잘 모를 때가 있다. 아무것도 하기 싫을 때가 있고, 무슨 일이라도 닥치는 대로 할 수 있을 거라는 막연한 자신감이 들기도 한다. 중요한 점은 누구나 일을 하지 않고는 살 수 없다는 거다. 돈이 많은 부자일수록 일을 더욱 좋아하기도 하고, 여유 있을 것 같은 사람이 더욱 악착같이, 모든 일에 겁 없이 덤벼들기도 한다.

여기에서 독자들에게 참고가 되기를 바라면서 저자의 커리어 경로를 소개해 본다. 저자가 공장에서 용접을 하고 프레스로 철판을 자르면서 늘 생각한 것은, "이대로 이런 일만 하면서 살고 싶지 않다."는 거였다. 그런 일이 나쁘다는 게 아니라, 그 일만 하기엔 나 자신에게 무엇인가 또 다른 능력이나 역량이 감추어져 있을 것 같은 예감이 들었다. 그래서 조금만 시간이 있으면, 아니, 작은 자투리 시간만 나면, 책을 읽고 영어 공부를 하면서 대학 입시 준비를 했다. 3년 넘게 공장에서 일을 하고, 하기 싫은 일이지만 꾹 참고 견디면서 대학에 들어갈 수 있었다.

뒤늦게 들어간 대학에서 공부한 전공이 컴퓨터공학이었지만 이 또한 마음에 들지 않았다. 남들이 부러워하는 직장에 취직을 하고, 전산실에서 컴퓨터 프로그램을 작성하고 시스템을 설계하는 일을 하면서도 직무에 만족하지 않았다. 하기 싫었지만

선택의 여지가 없었다. 그렇게 버티고 견디던 중 우연히 선배의 조언을 듣고, 대학원에 진학하여 경영학을 공부하면서 인사과장이 되었다.

공대 나온 저자가 인사 노사 교육 업무를 7년 정도 하면서 경영학과 철학, 교육학 분야에 관심을 갖고 20여 년의 직장생활을 한 후, 책을 쓰고 번역을 하고 대학 강의를 하게 되었다. 기업체와 경제단체 등에 강의를 하면서 깨달았다. 버릴 학문은 하나도 없으며, 모든 경력과 경험은 더 좋은 일을 찾는 데 씨앗이 되고 원하는 일을 선택하는 거름이 된다는 것을 알게 되었다. 저자의 경험을 장황하게 늘어 놓아서 미안하지만, 어느 독자에게는 참고가 되리라 믿는다.

내가 잘하는 게 뭔지 나도 궁금해

A군   솔직히 말씀 드리면, 제가 뭘 잘하는지 모르겠습니다. 사회학을 공부했는데, 별로 쓸모가 없는 듯합니다.

B교수   그럴 리가 있나요? 자신이 대학에서 공부한 것과 다른, 더 멋진 능력이 감추어져 있을지도 모릅니다.

A군   정말 그럴까요? 사실은 제가 다른 일을 하고 싶었습니다. 만화를 그리거나 디자이너가 되고 싶습니다. 날마다 그 생각만 한답니다.

자기 자신이 무엇을 잘 하고, 어떤 일을 하면 좋을지 모를 때, 그리고 무언가 색다른 일에 도전하고, 더욱 멋진 미래를 꿈꾸고 싶을 때 많이 쓰이는 방법이 SWOT 분석(SWOT Analysis)이다. 즉, 현재의 자신에게 있어서, 강점과 약점, 기회와 위협(Strength, Weakness, Opportunity and Threat)이다. 여기서 주의할 점은, 자신이 강점이라고 생각하는 게 성격적 약점이 될 수도 있고, 약점이라고 여기며 의기소침해 있는 부분이 장점이 될 수도 있다. 말이 느린 사람이 신중한 언사로 인해 말실수를 하지 않고, 달변가들이 말을 잘못해서 욕을 먹을 때가 많다. 너무 신중해서 좋은 기회를 놓치기도 한다.

본인의 강점과 약점이 삶에 긍정적 또는 부정적 결과로 연결될 수 있지만 그럼에도 불구하고, 하고자 하는 일과 관계되어진 기회와 위협을 함께 정리해 보는 것은 본인의 현실 인식을 위한 노력, 그 자체로서 가치는 충분하다. 아래 그림에 맞도록 빈칸을 채운 후에 다른 관점에서 다시 살펴보면 도움이 된다. 가능하다면 친한 사람과 함께 작성을 해 보고 토론을 한다면 보다 구체적이고 객관적인 피드백을 받을 수 있을 것이다.

강점(Strength)	약점(Weakness)	쓰면서 느낀 점
· 시간 약속 준수 · 독서와 신문 읽기 / 글 쓰기 · 잘 웃고 마음을 잘 표현함	· 말이 많고 가르치려 함 · 돈이 부족함 · 제한적 인간관계	· 혹시 약점이 강점 아닐까? · 강점이나 약점이 그리 다른가?

기회(Opportunity)	위협(Threat)	쓰면서 느낀 점
· 고객이 찾음 · 글로벌 시장의 확대	· 빠른 기술 발전 · 세대 차이	· 위협이 기회가 될 지도 모르지 · 기회를 알아볼 수 있었으면

굳이 이런 걸 작성해 보고 분석까지 할 필요가 있는지를 따지고 묻는 사람도 있지만, 생각만 가득한 사람보다 작은 한 가지라도 정리해보는 사람이 낫다는 증명은 얼마든지 있다. 자신이 보고 느끼고, 관찰하고 연구한 것을 가장 많은 기록으로 남긴 사람이 그 유명한 천재 화가 레오나르도 다 빈치(Leonardo da Vinci)라고 한다. 그는 인

체 해부학자이면서 천문학자였고, 토목건축학자이면서 식물학자였으며, 요리사이고 화가였다.

글로벌 시장에서 함께 생존하고 비즈니스에서 수익을 내기 위해 갖추어야 할 자질과 능력들은 단순히 외국어 실력의 문제가 아니다. 레바논에서 태어나고 브라질에서 자라고 프랑스에서 공부한 사람처럼, 홍콩의 아버지와 영국의 어머니 사이에서 태어나 뉴욕에서 공부하고 브라질에서 사업을 한 사람처럼, 서로 다름을 존중하는 정신자세가 필요하다.

언젠가 여러분이 전 세계를 무대로 활동하게 될 때를 위해, 필요한 능력, 보완하거나 부족한 부분이 어떤 것인지 생각해 보자.("International Business – The Challenge of Global Competition", Donald A. Ball, IRWIN. 참조)

문화에 대한 상호 이해와 글로벌 마인드(Cross-Cultural Awareness and Global Mind)
· 글로벌 비즈니스 매너와 에티켓(Global Business Manner and Etiquette)
· 글로벌 비즈니스 미팅과 협상 능력(Global Business Meeting and Negotiation Skills)
· 비즈니스 협력 교류와 의사소통(Business Correspondence and Communication)

대부분의 사람들은 생계를 위하여 또는 가족의 행복을 위해 원하지 않았거나 상상하지 못했던 일도 하게 된다. 그 과정에서 어떤 공부를 했던, 배운 것과 전혀 다른 분야에서 일을 하건, 한 분야에서뿐만 아니라 어떤 일이든지 주어지는 일에 대한 전문가로 존재하기 위해 갖추어야 할 핵심역량(Core Competency)이 무엇인지 살펴보자.

신입사원에서부터 중간관리자 또는 경영진에 이르기까지 나이를 먹고 승진이 되는 과정에서 갖추어야 할 능력 또는 역량은 아주 다양한 언어로 표현할 수 있다. 서로 다름을 존중할 줄 아는 유연성(Flexibility), 지구촌의 다양한 사람들과 함께 일할 수 있는 글로벌 마인드와 매너(Global Mind and Manner), 힘든 상황에서 벗어날 수 있는 회복탄력성(Resilience), 한 가지 일에 집중하면서 오랫동안 참고 견딜 수 있는 인내력(Persistence) 등은 '보이지 않는 또 다른 역량'이다.

다음 중 평소에 자신이 좀 더 강화시켜야 할, 좀 더 노력을 기울이고 싶은 역량이 무엇인지 생각하면서, 가장 잘 하는 것부터 우선 순위를 정해 보자.

주요 역량	순위	주요 역량	순위
의사소통 기술(Communication Skills)		회의 진행(Meeting Skills)	
인간관계 능력(Human Relationship)		프레젠테이션(Presentation Skills)	
고객관리와 서비스(Customer Management and Service)		창의력과 혁신(Creativity and Innovation)	
성과관리(Performance Management.)		변화 관리(Change Management.)	
갈등 해결(Conflict Management.)		영업과 협상력(Sales and Negotiation)	
문제 해결(Problem Solving)		팀워크(Teamwork)	
역경 극복(Adversity Quotient)		시간관리(Time Management)	
의사 결정(Decision Making)		기술활용능력(Technology Literacy)	
자기 주도성과 팀 화합		기타	

위와 같은 여러 가지 역량들, 즉 어떤 일이나 비즈니스에서 성과를 나타내기 위해 갖추어야 할 능력들은 책으로만 배워지지 않으며, 강의를 듣고 교육을 받았다고 나아지지 않는다. 의도적인 노력과 지속적인 개선이 따라주어야 한다. 원래 마음이 약해서 '단호한 의사결정'을 못하는 사람이 있고, 게으른 게 아니라 생각이 느린 까닭에 시간을 철저하게 관리하지 못하는 사람도 있다. 어려운 일이 생겨도 냉정한 마음으로 어떤 곤란한 역경이라도 잘 견디고 이겨내는 사람이 있는가 하면, 작은 일에도 상처를 받고 힘들어 하는 사람이 있다. 이는 성격의 문제일 수도 있고, 성향의 이유일 수도 있다.

그럼에도 불구하고 자신이 전문적인 분야에서 일하는 사람이고, 누군가에게 도움을 주는 직업을 갖고 있는 사람이라면, 위와 같은 역량을 골고루 강화시키고자 하는 노력을 해야 한다. 물론, 지금은 직장을 얻기 위해 또는 직업을 갖기 위해 준비하는 취업준비생이라고 해도, 앞으로 자신에게 펼쳐질 큰 무대를 상상하면서, 잘 하는 것은 더 강화시키고, 부족한 부분은 보완해 가는 노력을 기울여야 한다. 몰라서 하지 못하는 것과 알면서 행하지 않은 것은 다르기 때문이다.

 3 뭘 준비하면 취직이 정말 될까?

> A군　저는 취직을 하려고 대학원도 다니면서 석사학위까지 받았는데 취직이 어렵습니다. 그런데 솔직히 말씀 드리면, 그런 학위가 다 필요한지도 모르겠습니다.
>
> B교수　그렇군요. 수고 많으셨지만, 진짜 들어가고 싶은 회사에서 원하는 역량이 무엇인지 알아야 합니다. 어느 직종에서 일하고 싶은가요?
>
> A군　네. 그런데 학교에서는 전공 공부만 했지, 무슨 역량이 필요한지는 생각도 하지 않았습니다. 저는 공기업에서 일하고 싶은데, 진짜로 사회에서는 어떤 역량이 필요한지도 잘 모르겠습니다.

학교를 졸업한 후 되돌아 보거나, 취업을 위해 지원서를 쓸 때, 또는 사업을 준비하며 사업계획서를 쓸 때, 자신의 전공 성적이나 학력이 실제로 얼마나 중요하고 실질적인 도움이 되는지 잘 모를 때가 있다. 특히 어문계열이나 사회계열은 취직이 어렵다고 하니 더욱 그럴 듯하다.

중요한 점은, 어떤 상황에서도 취직이 잘 되는 사람이 있고, 가는 곳마다 잘 되지 않는 사람이 있다는 거다. 그 기준은 무엇일까? 운도 있고, 인연도 있고 팔자도 있다고 한다. 취직이 너무 힘들고 어려워서 차라리 사업을 하는 게 낫겠다는 생각에 친구들과 함께 창업을 해서 성공한 젊은이들도 있다.

취직을 하거나 창업을 하려고 할 때 혼자서는 쉽지 않다. 결국은 사람과의 만남이 이루어져야 하며, 그런 과정에서 필요한 역량이 무엇인지 깨닫게 된다. 즉, 학교 생활이나 학업 성적에서 우수한 성과를 구축해 놓는 것은 기본임과 동시에 또 다른 준비가 필요하기 때문이다.

저자의 경험에 비추어 졸업을 앞두고 1년 정도 실행해 보기를 권하는 몇 가지를 소개하고자 한다.

첫째, 전공과 관련된 참고서를 골고루 읽는 것은 물론, '과학의 역사(A History of the Science, Stephen F. Mason 著)', '서양철학사(History of Western Philosophy, Bertrand Russell 著)'

등 전공과 관계없는 교양도서들도 자주 읽으면서 시야를 넓혀라. 참고로, 고대 로마 그리스 시대는 철학, 문법학, 수사학(修辭學, Rhetoric), 천문학, 역사 등을 구분하지 않고 공부했다고 알려진다. 피타고라스가 철학자이면서 수학자이듯이, 의성(醫聖) 히포크라테스도 강의를 잘 하고 언변이 뛰어났다고 한다.

둘째, 신문을 자주 읽어라. 정치면은 별로 관심이 없었지만 경제면과 문화관련 기사를 주로 읽다 보니 상식을 넓히는 데 큰 도움이 되었다. 이것이 취업과 면접 과정에서 적절하게 활용되었다는 생각이 든다. 지금도 젊은이들에게 신문을 많이 읽을 것을 권한다. 정기적으로 구독하는 신문에서는 다양한 정보와 삶의 현장을 읽을 수 있어 그만한 가치가 있다고 믿는다.

셋째로는 영어 공부다. 그 당시 컴퓨터공학과는 '전자계산학과'라는 이름으로 개설된 컴퓨터 분야의 초기였으므로 불행하게도 전공서적은 대부분 영어로 된 원서였다. 본의 아니게 영어를 공부하지 않으면 전공과목조차 제대로 읽고 해석하는 게 쉽지 않았다. 그게 버릇이 되어 늘 영어 잡지와 신문을 읽는 게 습관이 되었다. 면접을 볼 때도 거부감이 없을 정도로 질문에 답을 했던 기억이 난다. 요즘도 영국의 BBC, 미국의 CNN, 중동의 Al Jazeera 등을 읽고 보면서 어학실력이 낮아지지 않도록 집중하고 있다.

끝으로, 폭넓은 대인관계를 유지하는 일이다. 다른 대학의 컴퓨터공학과 학생들과 정보와 자료를 주고받기 위해 모임을 만들고, 정기적으로 자료집도 공동으로 만들어서 나누었다. 당시엔 전국적으로 전산전공 학생이 별로 없어서 모임을 만드는 게 쉽지 않았다. 지금은 더 쉬운 상황이라고 믿는다. SNS와 다양한 인터넷 매체를 통해 마음만 먹으면 얼마든지 학습모임을 만들 수 있고, 끊임없는 연구활동을 할 수 있도록, 사회적 시스템이 탁월한 시대이다. 줌(ZOOM)을 통한 독서 모임과 강의 및 정보 교류의 장(場)과 기회는 폭넓게 가질 수 있는바, 각자 개성이나 성격에 따라 그 방법은 달라질 수 있다고 본다.

취업을 하기 위한 준비사항으로는 여러 가지가 있을 수 있다. 다양한 사람들과 어울리며 입사하고자 하는 기업이나 공공기관에 대한 정보를 얻고, 기업 경영에 관한 내용도 상식적인 의미에서 공부할 필요가 있다. 특히, 요즘처럼 인터넷이 발달한 상

황에서는 각 기업의 홈페이지나 직장인들의 블로그와 카페 등을 통해서 정보와 자료를 찾으면 얼마든지 알 수 있는 정보와 자료가 넘쳐난다.

취업을 앞둔 학생이나 전직(轉職)을 준비하는 경력자이든, 무언가 한 두가지를 정해 집중적으로 준비하고 실천해야 한다는 것은 실로 어려운 일이다. 그럼에도 불구하고 딱히 취직을 위해서뿐만 아니라 삶의 한 가지 방식으로, 몇 가지 좋은 사항을 선택하여 오랜 습관으로 실천하면 좋겠다.

인사 채용 전문가
5인이 제안하는
취업의
비법

Chapter 03

목표 설정을
잘해야 해

1 취업목표가 미래의 비전인가?

1 세계적 명문대학 학생도 구체적 목표가 없다?

A군　교수님! 전 솔직히 뭘 잘할 수 있을지 모르겠습니다. 그런데 좋은 직장에서 일하고 싶습니다. 토목공학과입니다. 그런데 반드시 토목공학 분야가 아니더라도 괜찮습니다. 솔직히 제가 앞으로 취업을 어떻게 해 갈지 잘 모르겠어요. 군대도 다녀왔고 계절학기 2과목만 추가로 이수하고 졸업할 예정입니다. 부모님께서는 제가 원하고 하고 싶은 것을 하라고 하십니다.

　위 사례는 나름대로 학업에 대한 열의가 높고, 우수한 성적은 물론 알차게 대학 생활을 보낸 어느 학생이 기업 실습 면담에서 실제로 이야기했었던 장면이다. 저자의 경험으로 볼 때, 본인의 진로에 대해 구체적인 계획이 분명하여 흔들림 없이 착실히 준비하는 학생은 20% 정도가 되며, 그 외에는 명확한 목표나 계획이 없는 경우가 대부분인 것 같다.

　얼마 전 한 취업 전문기관에서 취업준비생 1,271명을 대상으로 실시한 설문 조사 결과를 발표하였는데 놀랍게도 10명 중 6명이 '쇼윈도 취준생'(취업 의지가 없지만 주변의 시선과 기대 때문에 취업을 준비하는 사람을 일컫는 단어)이라는 답변을 하고 있었다. 심지어 향후 쇼윈도 취준생이 늘어날 것이라고 10명 중 9명이 답하고 있다.(출처; 잡코리아 2021.6.15)

　목표의 중요성과 관련하여 많이 알려진 이야기이지만, 미국의 하버드 대학교 경영대학원 졸업생들을 대상으로 '명확한 장래 목표와 그것을 성취할 계획이 있는가?'라는 설문조사를 하였는데 졸업생의 3%만이 구체적인 목표를 세우고 기록해 두었다고 하였으며, 13%는 목표는 있으나 기록은 하지 않았다고 응답했다. 학교에서 10년 후 동일한 사람들을 대상으로 설문을 다시 시행했고 조사 결과, 놀랍게도 목표를 적어 두었던 3%의 졸업생은 계획이 없다고 답했던 84%의 졸업생보다 연봉이 무려 10배 이상 많았다고 한다.

이 결과는 본격적인 직업인으로서의 삶을 시작하는 초기에 꿈과 구체적인 목표를 설정하는 것이 얼마나 중요한가를 보여주는 사례이다. 일본에서 '경영의 신(神)'이라 불리는 교세라 창업자인 이나모리 가즈오는 인생의 초입에서 가장 필요한 것이 있다면 "나는 어떤 사람이며 앞으로의 인생을 어떻게 보낼 것인가?"라는 질문과 이에 대한 자신만의 대답이라고 말하고 있다. 나름의 인생 전반에 대한 방향을 정하고 목표를 가지는 것은 목표를 이루어가는 과정에서 겪게 되는 다양한 시련을 극복할 수 있게 해줌으로써 그러하지 못한 사람과 훗날 매우 큰 차이를 만들어 내게 된다.

② 일에 대한 생각이 너무 짧았어요

A군　교수님! 취업하면 직장에서 시키는 대로 일하고 월급받고 하면 되는 거 아닌지요? 일해서 월급 받고 제가 하고 싶은 것 하고, 경제적 독립, 뭐 이런 거 할 수 있는 수단 외에 또 다른 것을 생각해야 하나요? 일에 대한 생각을 정리해 보라고 하시니 좀 당황스럽고 부담이 큽니다.

인간은 단순히 돈을 벌기 위해 일하는 것이 아니라 정신적인 만족감과 삶의 보람을 얻기 위해 일을 한다. 물론 일하는 과정은 힘들기도 하고 긴 시간 집중을 요구하기도 하고, 긴 인내의 시간을 쏟아야 할 때도 있다. 하지만 일을 마무리하고 목표하는 바를 성취하였을 때, 또는 자신의 일이 사회적 역할을 하고 있다고 느낄 때, 일은 어느 순간 '삶의 보람'으로 다가오는 것이다. 일을 좋아해서 항상 일에 대한 집중력과 몰입을 유지할 수 있다면 일을 통해 얻는 보람은 더 클 것이다. 일에 열중하고, 사회에 도움이 되고, 자기 자신도 행복하다고 느낀다면 일을 통해서 얻을 수 있는 '최고의 선물'이라고 할 것이다.

스티브 잡스는 2005년 미국 스탠포드 대학 졸업식 연설에서 일과 인생에 대해 다음과 같이 말했다.

❝우리는 많은 것을 할 수 있는 기회를 가질 수 없고, 각자들은 훌륭히 해내야만 한다. 이것이 우리 인생이기 때문이다. 인생은 짧고 끝엔 죽게 마련이다. 우리는 일생 동안

일을 하도록 선택되었다. 그러니까 정말 훌륭하게 해내야 하고 가치있게 만들어야 한다.

We don't get a chance to do that many things, and everyone should be really excellent. Because this is our life, Life is brief, and then you die, you know? And we've all chosen to do this with our lives. So, it better be damn good. It better be worth it.

일은 당신의 삶의 많은 부분을 채워나가는 것이며, 진심으로 만족할 수 있는 길은 오직 당신이 믿는 바를 위대한 일이 되도록 하는 것이다. 위대한 일을 하는 방법은 당신의 일을 사랑하는 것이다. 그것을 아직 발견하지 못했다면, 계속 찾아 봐라. 한정 짓지 말고, 당신의 심장을 울리는 모든 것과 같이, 당신이 그것을 발견할 때 알게 될 것이다.

Your work is going to fill a large part of your life, and the only way to be truly satisfied is to do what you believe is great work. And the only way to do great work is to love what you do. If you haven't found it yet, keep looking. Don't settle. As with all matters of the heart, you'll know when you find it. **"**

이처럼, 짧은 인생 동안 주어진 것들을 더 나은 것 그리고 가치 있는 것이 되도록 해야 한다. 취업을 준비하는 시점에서 선배들의 생각을 참고하면서 나름의 생각을 정리해 보는 것은 훗날 직장생활을 지탱해 주는 큰 힘이 될 것이다.

③ 목표 설정을 이렇게 해 보자

> **A군** 일의 의미를 생각해 보고 나니 직업을 가진다는 것에 대해 제가 너무 단순하게 생각한 것 같습니다. 그리고 학교생활이 중심이었던 지금까지의 생활을 돌아보고 앞으로의 계획을 세워 적어보았는데 생각보다 정리가 잘 안 되네요. 쉽게 목표를 설정하는 방법이 있나요?

취업을 준비하면서, 막상 직장과 직업에 대한 목표를 세우려고 하면 대부분이 그 막연함으로 곤란함을 겪을 것이다. 더욱이 '일, 직무, 취업'은 실제로 처음 겪는 일이

기도 하고 먼저 취업한 선배나 매체 등을 통해 단편적인 경험을 들어온 것이 고작이기 때문이기도 하다.

목표를 설정하는 과정에서 입사하고 싶은 회사에 대한 정보를 수집하고 기업이 제시하는 채용 전형을 통과하기 위한 실행 목표를 설정하는 것도 중요하지만, 인생 전반을 포함하여 자신에 대한 성찰 시간을 가져보기를 권장한다. 좀 더 긴 안목으로 자신을 한 번 더 살펴보자는 의미이다. 어떤 주제와 방법으로 하는 것인지는 정해진 규칙이나 전형적인 답안은 없지만 저자의 생각을 정리해 보았다.

첫째, 지금까지의 본인의 삶을 성찰할 시간이 필요하다. 성장과정에 대한 성찰의 시간을 통해서 본인의 성격적 특성, 선호하는 가치, 경험한 상황에 대한 대응방식, 좋아하는 것, 싫어하는 것, 학업과 과외 활동, 유년기 시절 등을 통틀어 기억들을 더듬어 본다. 특히 연령대별로 기억나는 두세 가지 사건이나 이벤트를 대상으로 점검을 해 봐도 좋을 것이다. 당시의 상황을 '6하 원칙(누가, 언제, 어디서, 무엇을, 어떻게, 왜 - Who, When, Where, What, Why, How, 5W1H)'에 따라 기술하고 본인의 사고 내용, 행동, 대응, 느꼈던 점, 생각과 판단기준 또는 가치, 결과 등을 적어 봄으로써 본인의 심리적, 행동적 특성과 선호하는 가치들을 알아차릴 수 있을 것이다.

둘째, "일은 무엇인가? 그리고 일을 해야 하는 이유가 무엇인가?"에 대한 나름의 생각을 정리해 볼 것을 권한다. 직업을 가지고 경제활동에 참여하는 것은 단순히 돈을 벌기 위함이 아니라 직업을 통해 자아실현과 인격적 성장을 이룰 수 있기 때문이다.

셋째, 본인의 적성과 잘 맞거나 맞지 않거나, 하고 싶은 일과 하고 싶지 않은 직무 분야를 정리해서 순위를 매겨 두면 더 유용할 것이다. '100세 인생'을 이야기하는 시대이다. 살아가야 할 긴 인생에서 선호하는 직업을 가지고 살아가는 것만큼 행복한 삶은 없을 것이다.

넷째, 변화무쌍하게 변화되는 기술발전과 성장산업 분야와의 관련성을 비교 검토한다. 선택한 직무 분야가 전문성을 키워갈 수 있는 영역인지, 경제적·사회적 지위를 인정받을 수 있는지도 함께 검토되어야 하는 데 이는 취업목표를 설정함에 있어서 기업 브랜드보다 우선적으로 고려해야 하는 요인이라 할 수 있다.

끝으로 본인이 선택하게 될 직무에 대한 구체적인 목표(직무 분야, 단계적인 전문성 개발 목표, 그 직무를 통해서 달성하고자 하는 가치 등)를 기술한다. 이러한 과정을 반복하여 진로와 목표에 대한 실행 계획을 세우고 진정한 인생의 성취가 무엇인지도 음미해 보는 것이다.

 목표 설정이론

목표 설정이론에 따르면 목표는 구체적일 때 성과를 증대시키고 어려운 목표는 일단 받아들여진다면 쉬운 목표보다 높은 성과를 가져오며 피드백이 있는 것이 더 큰 성과를 가져온다고 한다. 그리고 구체적인 목표는

1. 무엇이 중요한지에 대한 관심을 가지도록 하고 노력에 대한 방향을 제시할 수 있다.
2. 목표는 과제에 대한 인내를 제공하여 준다.
3. 구체적인 목표는 과제를 완성하기 위한 유용한 전략 수립을 도울 수 있다.
4. 목표의 구체적인 본질 때문에 과제수행에 피드백을 해 주는 기회가 된다.

 나의 직무 비전과 경력의 조화

앞의 과정을 통해서 장래에 희망하는 직무의 미래상을 그려 보는 것은 정말 가슴 벅차고 설레는 일이다. 직업을 선택하는 과정에서 자신이 배우고 익힌 지식과 기술들 그리고 태도, 생각과 가치, 근무조건, 지원 분야의 산업환경 등을 충분히 고려하였기에 막연함에서 벗어나 나름의 자신감을 가지게 될 것이다.

A군 성찰의 시간을 가지고 나니 저 자신이 어떤 사람인지 조금 알아차릴 수 있게 되었습니다. 저 자신의 내면의 모습, 선호하는 가치, 전반적인 특성을 알아가는 과정에서 조금 더 성숙해진 것 같습니다. 그런데 이제 취업 후 제가 맡은 일을 잘해 나갈 수 있을지? 제 분야에서 성공적으로 성장해 갈 수 있을지? 직업을 가진 후 미래에 대한 걱정이 생기는군요.

취업 후 펼쳐질 직업의 장에서는 지식, 기술, 경험이라는 것들이 원하는 수준대로

한순간에 모두 주어지지 않는다. 본인이 선택한 직업현장에서 역할을 수행하는 과정을 겪으면서 단계적으로 달성되는 것이라고 할 수 있다. 개인차는 있지만 대개 물리적인 시간의 경과와 경험을 통해 직무수행능력이 발전해가고, 삶 또한 성숙해지는 것이다. 선택한 직업장에서 직무능력이 향상되고 경험이 쌓여가는 본인의 성장단계를 그려 보고 비전을 설정해 보는 것은 앞으로의 삶을 더욱 윤택하게 만들어갈 수 있는 밑바탕이 될 것이다.

1 경력이 무엇인가요?

B군   경력을 어떻게 이해하면 좋을까요?

K교수 회사원 경력, 교사 경력, 건축기사 경력, 교수 경력, 공무원 경력이라고 할 때는 '직업 종류'인 거 같고 대리 경력, 인사본부장 경력, 중소기업 사장 경력은 '직급, 지위'를 말하는 것으로 이해되고, 인사직무 경력, 노무관리업무 경력, 영업관리직무 경력이라고 할 때는 '직무 종류'인 거 같기도 하여, '경력'을 한마디로 정의하는게 어렵습니다.

경력은 개인의 생애 전반에 걸쳐서 일과 관련된 경험들로 만들어진다. 그 경험들에 대해서 직업이라 말할 때도 있고 지위를 말할 때도 있다. 또 한편으로는 특정 직무를 들어 경력이 '있다', '없다'라고도 한다. 어떤 경우에는 '대기업 인사직무 10년' '건축 시공 5년' 등 직무나 직업에 근무한 기간을 함께 포함하여 해당 직무나 직업에서의 근무한 경험과 숙련의 정도를 가늠하곤 한다. 이처럼 경력은 자신의 적성과 능력을 바탕으로 선택한 직무와 직업에 종사하는 과정에서 경과된 직무 수행기간, 승진하게 된 지위를 거쳐 오면서 습득되는 지식, 숙련되는 기술, 다양한 상황 직면과 극복 경험과 지혜, 형성된 태도와 가치, 그리고 사회적 기여와 영향들도 함께 함축된 것이라고 생각된다.

전문가들에 의하면 "경력이란, 개인의 일생에서 작은 단위의 코스로 구성된 일과 관련된 경험의 형태 또는 일생에 걸쳐 지속되는 개인의 일과 관련된 경험"이라고 포괄적으로 정의하기도 한다. 말하자면 경력은 과거의 것이기도 하지만 현재와 앞으로의 생애에도 계속되는 주제이자 개발해가야 할 과제인 것이다.

2 경력을 계획적으로 관리하기 위한 그림 - 경력경로

사람의 생애주기 단계에서 일어나게 되는 변화를 보면, 각 개개인은 앞으로의 미래와 삶의 대부분을 직업을 갖고 일을 하게 된다는 점을 알 수 있다. 직업 활동을 해나가는 과정에서 본인이 선택한 직업, 그 직업에서 수행하게 되는 직무의 수준과 부여된 지위 등을 '경력경로(Career Path)'라고도 할 수 있다.

여기서 잠깐 멈추고, 생각해 보자!

경력이라는 것은 취업 후 나이를 더함에 따라 자연스럽게 쌓일 수 있는 것인가? 쌓인다면 그 경력은 누구나로부터 인정받을 만한가? 취업 후 10여 년이 흐른 어느 날 문득 내가 경험하고 쌓은 직무능력을 가지고 회사를 나올 경우, 나 자신은 전문가로, 나의 업무 경력이 다른 조직에서 필요로 하고 인정받을 수 있는 정도가 될까? 라는 의문이 찾아오게 될 것이다.

취업 후, 직장인이 되면 자신이 계획한 목표를 실행한 결과, 자연스럽게 경력이 쌓여질 수도 있다. 반면에 자신이 계획한 목표와는 상관없이 조직이 요구하는 업무를 수행하게 될 때도 있게 마련이다. 어느덧 직장생활에 익숙해져 자신이 생각한 꿈과 희망은 자신도 모르는 사이에 불분명해지고 있음을 발견하기도 한다.

기업은 경쟁력 확보를 위해서 새로운 IT 기술과 경영기법을 도입하면서 환경에 빠르게 적응할 수 있는 조직시스템을 갖추어가기에 여념이 없다. 정년이 보장되지 않는 것은 물론이거니와 특정 직급에서의 성과와 능력을 평가하여 인위적인 직무 순환과 인력 퇴출 과정을 실행하면서 새로운 인적자원을 확보하고 내·외부 환경에 적응해가기 위해 조직 체질을 바꾸는 노력을 상시화하고 있다.

직무환경 또한 어느 하나 간단한 것이 없을 정도로 많은 것들을 검토하기를 요구한다. 직무수행의 기본 전제가 변하고 사용하는 기술과 실무지식이 새로워지는 등 변화된 직무환경 속에서 부여된 업무를 처리하기에도 바쁘게 만든다.

빠른 기술변화는 세대 간은 물론이고, 같은 세대 내에서도 새로운 기술환경을 경험한 정도에 따라 사물을 보는 관점과 사고의 차이를 만들어 내고 있다. 이러한 조

직구성원들의 다양성 속에서 성과를 달성해 가기 위해 조직 내 커뮤니케이션과 '원팀 정신(One-Team Spirit)'이 강조되기 시작한 지 오래다. 어느날 문득, 입사했을 당시와는 달리, 조직 내 이방인이 된 것처럼 낯설게 느껴질 때도 있다.

한 연구결과에 따르면, 현재 세상에 존재하는 많은 직업이 사라지며 새로운 기술이 인간의 노동력을 대체하게 됨으로써 대량의 실업률 시대를 예고하고 있다고 한다.

위와 같은 변화 상황들을 정리하면, 직장에서의 유효 근로기간에 대한 불확실성 확대, 현 직무에 필요한 지식과 기술의 빠른 변화와 발전 등 직무환경이 급변하는 상황을 맞게 된다는 것이다. 따라서 누구나 직업의 선택과 본인이 수행하게 될 직무의 변화가능성을 검토해 보고, 일정 기간이 지난 시점에서도 현실성 있는 경력으로 인정받기 위해서는 변화되어가는 환경을 제대로 읽고 치밀한 계획을 세워서 관리해 갈 필요가 있다는 것이다.

3 생애주기와 경력개발

경력계획을 세워야 하는 이유는 인간의 생애에 걸쳐 겪게 되는 삶의 특징과도 연관이 된다. 성인발달학자 레빈슨(D. J. Levinson)은 성인의 삶에는 일정한 질서가 있으며 이를 생애주기(Life Cycle)라고 하는데, 개인의 인생 단계는 4단계로 나눌 수 있으며 각 단계별 삶의 특징을 겪게 된다고 한다(그림 3-1 참조).

각 단계는 성인이전기(아동기 및 청소년기), 성인전기, 성인중기, 성인후기로 구분되는데 각 단계에는 절정기와 전환기를 포함하고 있어서 해당 단계에서 안정적인 삶과 다음 단계로의 연속된 삶을 이어주는 전환기를 겪으면서 각기 다른 인생의 4계절을 경험한다고 한다. 각 단계마다 육체적, 사회적, 심리적 특징이 다르게 나타나는데 전환기에는 현 단계의 생애구조로는 해결할 수 없는 문제들을 경험하게 되며 문제를 해결할 새로운 방법을 찾고자 하는 특징이 있다.

이 모형에서 특히 취업 준비기를 포함하고 있는 성인전기 진입기에는 열정과 긴장이 반복되는 시기로서, 자신의 목표와 열망을 추구하고 사회 내에서 자신의 위치를

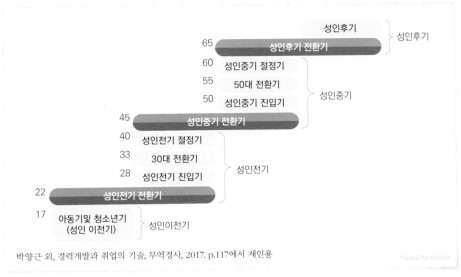

박양근 외, 경력개발과 취업의 기술, 무역경사, 2017. p.117에서 재인용

◑ 그림 3-1_ 레빈슨의 성인 발달의 연대기적 모형

찾으려 노력하고 자신에게 의미 있는 활동을 모색하며 자기만의 삶의 방식을 갖고
자 한다. 또한 30대 전환기에는 자신이 선택한 인생의 경로에 의문을 제기하고 재평
가해서 현재 자신의 중요한 삶의 목표를 달성하는 데 도움이 되는지 점검하게 된다
고 한다. 그 리하여 이 시기에 문제상황을 긍정적으로 해소하면 앞으로 자신의 꿈을

🦋 표 3-1_ **5단계 경력발달모형**

단계	연령대	주요 과제
1단계 직업 준비 및 선택	~ 25세	직업 관련 자아 이미지 개발, 다양한 직업 대안의 고려 및 평가, 초기 직업의 선택, 필요 교육의 이수
2단계 조직 진입	18 ~ 25세	희망 직장 입사, 정확한 정보에 근거한 적합한 직업 선택
3단계 초기 경력	25 ~ 40세	일터 학습, 조직 규범과 규칙 학습, 선택한 직업과 조직에 적응, 역량의 개선, 꿈의 실현을 위한 노력
4단계 중기 경력	40 ~ 55세	초기 성인기 및 초기 경력의 재평가, 꿈의 재확인 혹은 수정, 중기의 성인기에 적합한 경력 선택, 생산적 직업 생활 유지
5단계 후기 경력	55세 ~ 은퇴	생산적 직업 생활 유지, 자기 존중감 유지, 계획적인 은퇴 준비

박양근 외, 경력개발과 취업의 기술, 무역경영사, 2017. p.117에서 재인용

향해 열정적으로 실현해 나갈 수 있다고 한다.

　사람의 삶이 일련의 생애주기를 가지고 단계별 특징을 보이며 진행되는 것처럼 경력발달도 이와 유사한 양상으로 진행된다고 한다.

　이와 관련하여 그린하우스(J. H. Greenhaus), 캘러넌(G. A. Callanan), 가드샤크(V. M. God-shalk) 등은 5단계 경력발달 모델을 제시하고 있는데, 이 중에서 2단계 조직 진입(입사) 단계에서 특정 직업과 조직을 선택하고 선택한 직업경로에 진입하게 된다고 한다. 이 시기는 직업과 조직에 대한 정보의 양과 질이 개인의 경력발달 성패를 좌우하기 때문에 매우 중요하다 할 것이며, 특히 조직 진입 단계에서는 직무상 도전, 직무에 대한 만족, 조직사회화 등에 대한 과제가 주어진다고 한다.

4 직무 비전과 경력개발 목표 설정해 보기

　위에서 살펴본 바와 같이 취업을 준비함에 있어서 직업과 조직에 대한 정보의 양과 질이 자신의 경력발달 성패를 좌우한다고 할 만큼 중요하다는 점을 알게 되었다. 따라서, 취업단계에서 성공적 준비를 위해 우선 취업 후 30대의 경력개발 계획을 시각적으로 구체화해 보자. 그러면 미래 전망이 훨씬 명료해질 수 있을 것이다.

🌸 직무 경력 개발 계획 양식

최종 직무 비전 목표	선택한 ○○○기업의 재무회계 분야의 주요 직무를 단계적으로 경험한 후 15년 이내에 기업의 재무회계 분야를 총괄하는 전문가이자 임원으로 성장하고자 함		
목표 기업 및 직무			
취업 목표 기업(직무)	선택 이유		수집한 정보의 출처 (근거)
000기업 경영관리 직무	산업 현황과 기업의 장점 나의 강점 역량과의 관련성 수집정보로부터의 참조 내용		1. NCS 및 취업 사이트 2. 실습지원센터 3. 학과 선배 4. 기업 인사담당자
입사 후 단계별 경력 개발 계획(Job Career Development Plan)			
경력단계 설정	도전 직무(분야)	목표기간	도전 직무 달성 방법
30대 이전	회계 실무 독립적 수행	입사 후 3년 이내	회계 실무과정 교육 이수
			ERP시스템 활용 기술 습득
			현업 조직 및 직무 파악
			현업 멘토 사원 만들기
			개인 업무 매뉴얼 작성
30대 중반	경영계획 지원 업무	입사 후 5년 내	경영학 석사 과정 입학
	경영계획 수립 업무	입사 후 7년 이내	경영학 석사학위
			경영계획 전문가 교육과정 이수
비고			

3 궁합 맞는 회사를 찾아봐!_조직문화와 개인의 가치

C군 '조직문화 혁신', '우리 회사의 기업문화에 부합하는 인재를 채용 ~' 등의 문구들이 채용 사이트나 기업광고에서 자주 보이는데, 직원을 뽑을 때 학교 전공이나 성적, 경험과 역량 등으로 선발하는 것 아닌가요?

흔히 사고방식과 가치관, 기업의 핵심 가치와 지원자의 가치관, 성격 등이 맞아야 한다고 하는 데 조직문화가 무엇이길래 그렇게 강조하는 것인지요? 솔직히 잘 와닿지 않습니다.

1 조직문화, 기업문화, 국가문화

'조직문화', '기업문화'라는 용어를 흔하게 듣고 보고 있다. "조직문화에 맞아, 안 맞아?"라고 할 때는 레고처럼 구체적인 틀과 형체가 있어 적합의 여부를 가릴 수 있는 기준 같은 것으로 들리기도 한다.

조직문화(Organization'S Culture)란 학문적 용어로서 연구자들의 관점에 따라 설명하고 있기 때문에 일반인들이 조직문화를 이해하고자 하는 경우는 더더욱 쉽지 않은 것이다. 그럼에도 우리는 취업을 준비하면서 조직문화, 기업문화, 핵심가치 등의 개념을 머릿속으로 나름대로 정리해 두지 않으면 안 된다. 기업에서 강조하는 기업문화와 가치에 대한 개념을 이해하고 본인이 그에 적합한 지원자라는 것을 어필해야 한다.

문화의 개념을 가장 이해하기 좋은 예는 한 국가의 문화이다. 한국의 경우 유교적 전통에 따른 여러 가지 의례, 의식, 효 사상 등이 사회 전반의 규범이나 가치기준으로 자리잡은 것이라고 할 수 있다. 그리고 각 나라마다 국민 대다수가 공유하는 가치, 윤리관, 행동규범, 관습 등 국가별로 독특한 차이가 있음을 알 수 있다. 이것이 문화인데, 이를 구성하는 단위가 국가인 경우 국가문화, 조직이나 기업에 적용하면 조직문화 또는 기업문화라고 이해하면 좋을 것이다.

국가의 문화란, 대한민국에는 '동방예의지국과 충효사상'을, 일본에는 '사무라이

문화'를, 미국은 '자유민주주의와 개인주의 존중사회' 등을 떠올리는 것처럼 구분할 수도 있다.

기업의 경우에는 창업주의 비전과 철학, 그리고 핵심 멤버들이 사업을 영위하는 과정에서 변화하는 내부와 외부의 환경에 대응하면서 형성되는 것으로, 그 기업 구성원들이 강조하는 가치, 신념, 행동양식과 규범, 관례와 관습 등에 반영되어 그 독특함이 표출된다고 할 수 있다.

2 맞지 않으면 괴로운 직장생활

조직문화의 핵심을 이루는 가치와 신념은 조직 내 규율, 공식·비공식적 규범에 반영되어 직원들의 행동규범에 자연스럽게 배이게 되고 업무수행 방식의 차이로도 드러난다. 입사 후 시간이 지나감에 따라 익숙해지기도 하지만, 어떤 경우에는 적응하지 못하고 근무를 계속하지 못해 이직하게 되는 사례가 종종 발생하기도 한다.

한 취업 전문기관에서 직장인 회원 360명을 대상으로 실시한 '직장인과 조직문화'에 대한 설문조사에서 "조직문화 때문에 이직을 고려한 적이 있다."에 응답한 비율이 80.3%나 되었다. '가장 힘들었던 조직문화의 단면'의 설문에서는 '강압적 의사전달과 폐쇄적 소통 경로' 34.9%, '암암리에 이루어지는 편 가르기' 25.2%, '성과목표 위주의 업무시스템' 10.9% 순으로 나타나고 있어, 입사한 기업의 조직문화와 맞지 않을 때 겪게 되는 스트레스와 심적인 큰 부담감이 이직을 결심하는 요인이 되기도 한다는 것을 알 수 있다.[(출처: 전인교육, http://www.ihumancom.net)]

회사는 조직공동체이며 조직구성원은 각자 주어진 공식적인 업무목표를 달성하기 위해 일하는 과정에서 상사로부터 업무지시를 받고 업무방향과 추진내용, 예산 사용 등의 결제와 승인을 받기도 하는 등 의사결정 과정에서 체계적인 위계질서를 경험하게 된다. 각기 다른 목표가 부여된 동료 구성원들과의 의사소통과 업무협조를 하는 과정에서는 정해진 규칙이나 공식적인 기준을 염두에 두고 일해야 하고, 그 처리 결과에 대해서는 책임이 따르는 부담감과 스트레스를 갖게 된다. 이것이 조직

이나 회사의 일상적인 모습이거니와 어느 기업이나 대개 비슷하리라고 생각되겠지만, 동일 업무와 프로세스라 할지라도 조직구성원들이 사람을 대하거나 일을 지시하고 보고받는 방식이 다르다. 기업 전반에 흐르는 분위기는 분명한 차이가 있는 것이다.

취업 전에는 직접적으로 경험하지 못하겠지만, 많은 준비와 노력을 통해 지원한 회사에 입사하였는데 본인이 가장 싫어하는 방식으로 대우받거나 견딜 수 없는 심리적 환경이라면 큰 실망감에 빠질 수 있다. 적응하지 못함으로써 발생하는 부정적인 결과들로 인해 심한 갈등이 야기되거나 정신적 스트레스의 영향으로 병이 나는 경우도 발생하고 있다. 목표로 하는 기업의 조직 분위기나 문화적 특성에 대한 정보를 사전에 검토하고 본인의 사고방식이나 가치관과 비교해 보는 것이 중요한 이유가 여기에 있다. 선배 또는 그 직장에 근무하는 직원과의 면담(많은 기업들이 채용박람회 또는 온라인으로 채용 담당자들과의 면담기회를 제공하고 있음) 또는 전문 취업 사이트(코리아리크루트: 우리나라 최초의 취업 전문기관 등)에서 기업에 관한 취업 후기와 평판들을 검색하면 좋을 것이다. 한편 학교의 지도교수 또는 취업지원관, (민간)취업지원 서비스기관의 상담사로부터 조언을 구하는 것도 바람직하다. 자신의 가치관 또는 성향과 맞지 않는다면, 입사하고자 하는 기업목록에서 제외하는 것을 신중히 검토하는 것이 바람직하다. 취업한 경우라면 본인의 성향과 가치관을 수용할 수 있는 기업으로 이직하는 것도 고려해 볼 수 있겠다.

③ 조직문화의 유형

조직문화의 유형 구분은 연구자의 관점 기준에 따라 매우 다양하다. 비교적 쉽게 이해할 수 있는 예를 보면 ① 남성적 문화(Macho Culture), ② 열심히 일하고 열심히 노는 문화(The Work Hard, Play Hard Culture), ③ 기업에 운명을 거는 문화(The Bet Your Company Culture), ④ 과정 중시문화(process culture) 등 4가지를 들 수 있다.(T. E. Deal and A. A. Kennedy, Corporate Culture ; The Rites and Rituals of Coporate Life, Addison, Wesley, 1985, pp.13-15)

T. E. Deal and A. A. Kennedy, Corporate Culture ; The Rites and Rituals of Coporate Life, Addison, Wesley, 1985, pp.13~15

ⓒwww.hanol.co.kr

🐌 그림 3-2_ 기업문화의 유형

각 유형별 특징을 알아보면 다음과 같다.

1 **남성적 문화**(Macho Culture) 조직구성원들이 상호 경쟁하는 개인주의적인 문화로서 이러한 환경하에서는 의사결정을 빨리하고 위험을 이겨낼 능력이 요구되며 협력이나 팀워크는 그리 중요하게 여기지 않는 편이다. 이러한 기업의 업종은 대개 건설, 화장품, 출판, 광고, 영화, 경영 컨설턴트업이 해당된다고 할 수 있다.

2 **열심히 일하고 열심히 노는 문화**(The Work Hard, Play Hard Culture) 왕성한 활동이 성공의 열쇠가 되는 문화로, 여기에 해당되는 업종은 주로 대중 소비자에 대한 판매를 주로 하는 기업이 속하는데 노력이 일정한 업적으로 연결되는 경향이 많기 때문이다. 이 문화의 기본가치는 고객과 고객의 필요에 집중하는 것이며 모험보다는 꾸준히 일하는 것이 권장되는 문화이다. 이에 해당하는 업종은 대중 상대 소매업, 가전제품 또는 자동차 판매업이 이에 해당된다.

3 **기업에 운명을 거는 문화**(The Bet Your Company Culture) 올바른 의사결정이 중요하며 주요 가치를 미래와 미래의 투자에 두고 있는 이 문화에서는 기업 전체에 신중함이 느껴진다. 회의가 중요한 의식으로 여겨지며 종업원의 서열이 중시되고 상명하달(上命下達)식의 의사소통이 일반화되는 문화로 이에 속하는 업종은 컴퓨터, 석유탐사, 항공기 개발, 투자은행 등이 이에 속한다.

4 **과정중시 문화**(Process Culture) 이 문화에서는 산출 결과보다는 그것이 어떻게 이루어지는가 하는 진행방법, 과정에 초점을 두고 구성원 개성보다는 절차를 존중하는 문화로, 조직구성원들은 사려 깊고 질서 정연하며 보호지향성을 지니게 된다. 정확성과 완전주의를 지향하는 관료주의적 문화로 이 업종은 가스, 전력, 은행, 보험 등이 해당된다고 할 수 있다.

4 조직문화 특성 알아보기

위에서 취업이나 전직 등 직장을 선택하기에 앞서, 입사하고자 하는 기업의 문화적 특성을 검토해야 하는 이유를 알아보았다. 여기서는 제공된 양식을 활용하여 염두에 두고 있는 기업의 문화적 특성과 자신의 선호도를 진단, 비교하고 본인이 안정감을 가지는 조직문화를 알아 보기로 한다.

🏵️ 기업문화 유형 체크시트(Culture Type Scoring Sheet)

조사항목	점수						문항 계
	1	2	3	4	5	계	
• 많은 절차와 검토서류가 많음							
• 일정과 시간 준수가 철저함							
• 개성보다는 질서, 관례와 관행을 우선함							과정중시형 (/ 25)
• 절차와 규정에 의존하는 의사결정							
• 조심성과 섬세함이 요구되는 정확성과 완전주의 지향							
점수 계							
• 과감한 도전과 위험을 감수하는 능력							
• 논쟁을 통해 상대를 이기려는 경향과 경쟁적 관계							
• 과감한 도전이 성공하면 상당한 보상이 주어짐							남성형 (/ 25)
• 협동보다는 개인적 업무 성공이 강조되는 개인주의 우선함							
• 업무의 체계적인 전개가 요구됨							
점수 계							
• 많은 일을 빠른 시간 내에 처리해야 함							
• 문제가 발생하면 단기적 해결 방식을 지향함							열심히 일하고 열심히 노는 형 (/ 25)
• 문제해결보다는 왕성한 행동에 더 많은 관심을 가짐							
• 고객과 고객의 필요에 집중함							
• 친절하고 다양한 언어 사용과 분위기							
점수 계							
• 애매함에 대해 묵묵히 참을성 있는 분위기							
• 의사결정의 신중성이 강조되며 내용을 중복적으로 확인함							기업에 운명을 거는 문화형 (/ 25)
• 상의하달식 의사소통과 업무수행							
• 권위에 크게 의존하는 분위기임							
• 회의의 중요성이 강조되고 업무처리가 늦은 편임							
점수 계							

✿ 기업문화 선호도 체크시트(Culture Preference Scoring Sheet)

조사항목	점수						문항 계
	1	2	3	4	5	계	
· 많은 절차와 검토서류 처리하는 것을 즐긴다.							과정중시형 (/ 25)
· 일정과 시간 준수를 철저히 한다.							
· 개성보다는 질서, 관례와 관행을 중시한다.							
· 의사결정을 위해서 관련 절차와 규정을 따른다.							
· 일을 정확하고 섬세하게 처리하여 완벽을 기한다.							
점수 계							
· 과감한 도전과 위험을 감수한다.							남성형 (/ 25)
· 논쟁을 통해 상대를 이기려는 경향과 경쟁적 상황을 선호한다.							
· 과감한 도전과 성공의 결과에는 상당한 보상이 필요하다.							
· 협동보다는 개인적 업무 성공이 중요하다.							
· 체계적인 업무 전개를 진행한다.							
점수 계							
· 많은 일을 빠른 시간 내에 처리한다.							열심히 일하고 열심히 노는 형 (/ 25)
· 문제가 발생하면 단기적 해결을 한다.							
· 문제해결보다는 행동에 더 많은 관심을 가진다.							
· 고객과 고객의 필요에 집중한다.							
· 친절하고 다양한 언어 사용과 분위기를 선호한다.							
점수 계							
· 애매함에 대해 묵묵히 참는다.							기업에 운명을 거는 형 (/ 25)
· 의사결정 내용을 중복적으로 확인한다.							
· 상의하달식 의사소통에 따른다.							
· 서열과 권위에 기반한 분위기를 선호한다.							
· 잦은 회의와 늦은 업무처리 분위기를 선호한다.							
점수 계							

문화유형	기업문화 유형 점수 계	개인 선호 점수 계
과정중시형		
남성형		
열심히 일하고 열심히 노는 형		
기업에 운명을 거는 형		

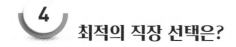

4 최적의 직장 선택은?

P군   직장 선택의 기준은 뭐니 뭐니 해도 연봉이 우선일까요? 아니면, 입사 후 잘 성장할 수 있도록 지원해주는 환경일까요?

아무래도 지명도 있는 대기업이 연봉도 많고 환경도 양호하니까 1순위로 생각해도 될까요? 아니면, 작지만 유망한 기업이 있을까요?

그런데 대기업, 중견기업, 중소기업, 강소기업 등은 무슨 차이가 있는지요?

나에게 있어서 최선의 선택은 무엇인지 헷갈립니다.

1 직장 선택의 기준_'처우와 성장'

1) 우리나라 젊은 세대들의 직장 선택 기준은 무엇일까?

최근 연령대별로 실시한 설문 결과 "직장을 선택할 때 가장 중요하게 생각하는 기준은 무엇인지" 복수 응답으로 조사한 결과, 1순위는 '만족하는 수준의 연봉(전체 응답자의 46.9%)'을, 2순위는 '원하는 일을 할 수 있는지(40.8%)', 3순위는 '직원 복지제도(39.7%),' 4순위는 '본인의 발전을 위한 성장 기회가 있는지(34.6%)', 5순위는 '경력을 쌓으면 더 나은 곳으로 이직할 수 있는지(22.0%)', 순으로 응답하고 있다.

이 결과에서 직원에 대한 임금과 복지제도를 합하면 처우에 대한 크기(86.6%)가 우선적인 선호 요건으로, 그리고 그 다음으로 원하는 직무와 성장 기회를 합한 경력 개발(75.4%)에 대한 관심으로 구분하여 볼 수 있다. 이를 현실적으로 해석해 보자면 결국, 지속적으로 연봉이 상승할 수 있는 여건을 제공하는 회사인가에 직장 선택의 중점을 두고 있음을 알 수 있다.

2) 대기업, 중견기업, 중소기업, 강소기업, 히든 챔피언은 어떤 점이 다른가?

기업을 구분할 때 주로 대기업과 중소기업으로 분류해 왔는데, 최근 들어서 중견기업, 강소기업, 히든 챔피언 등으로 기업을 구분하거나 새롭게 칭하는 용어들이 생겨났다. 경제 규모가 커지고 새로운 경제활동 영역의 출현과 기술의 다양성 증대 등으로 기존의 분류로는 범주화하기 곤란하거나, 규모 면에서는 작지만 보유하고 있는 기술력 또는 비즈니스 방식의 영향력을 인정함으로써 그 기업의 존재감에 걸맞게 차별화하여 기존에는 없었던 호칭을 부여하고 있는 경향으로 보인다. 현재의 법규상으로서는 중소기업-중견기업-대기업으로 구분하고 있는데 산업구조의 고도화와 국민경제의 균형발전이라는 관점에서 법규를 제정하고 그 규모에 따라 성장 촉진 및 경쟁력 강화를 지원하고자 하는 취지에서 나누고 있는 것이다.

표 3-2_ **기업규모 비교**

구분	중소기업	중견기업	대기업
규모기준	· 업종별 평균매출액 등이 규모 기준에 부합 AND · 자산총액 5천원억 미만	· 업종별 평균매출액 등이 규모 기준 초과 (단, 예외업종 있음①) OR · 자산총액 5천억원 이상	① 상호출자제한기업집단 또는 채무보증제한기업집단 소속 회사 ② 자산총액 10조원 이상인 법인의 피출자기업
독립성 기준	상호출자제한기업집단 또는 채무보증제한기업집단이 아닐 것	좌동	
	자산총액 5천억원 이상인 법인의 피출자기업이 아닐 것	자산총액 10조원 이상인 법인의 피출자기업이 아닐 것 (단, 지배기업으로 비영리법인 포함②)	
	관계기업의 경우 평균매출액 등이 중소기업 규모기준 충족하는 기업	관계기업의 경우 평균매출액 등이 중소기업 규모기준 초과하는 기업	
소관	중소기업청 (정책총괄과)	중소기업청 (중견기업정책과)	공정거래위원회 등
확인방법	중소기업확인서	중소기업확인서	지정 및 통지 등
확인사이트	중소기업 현황정보시스템 (sminfo.smba.go.kr)	중견기업 정보마당 (www.hpe.or.kr)	기업집단정보포털 (groupopni.ftc.go.kr)
관련 법률	「중소기업기본법」 (일반법)	「중견기업 성장촉진 및 경쟁력 강화에 관한 특별법」(특별법)	「공정거래법」 등

강소기업과 히든 챔피언

강소기업　고용유지율 및 신용평가 등급이 높은 중소기업, 임금체불이 없으며 2년 이내 산재사망 발생이 없는 우수한 중소기업으로 고용노동부에서 매년 신청을 받아 선정한다.

히든 챔피언　숨겨진 1등 또는 챔피언으로 경영학자 헤르만 지몬(Hermann Simon)이 펴낸 <히든 챔피언 Hidden Champion>이라는 책에서 비롯된 용어로서 대중에게 잘 알려져 있지 않은 기업으로 각 분야에서 세계시장 점유율 1~3위 또는 소속 대륙에서 1위를 차지하는 기업, 매출액이 40억 달러 이하인 기업으로 규정하고 있다.

이들 기업은 설정된 목표달성을 위해 적절한 전략들을 개발함으로써 세계시장의 지배자가 된 기업으로 히든 챔피언에 속하는 기업들은 평균 60년 이상의 기업수명, 평균 매출액 4,300억 원, 평균 성장률 8.8%, 분야별 세계시장 점유율 33% 이상이라는 공통점을 지니고 있다.

우리나라의 경우 한국수출입은행이 2019년까지 총 20조원을 투입하여 수출 1억 달러 이상의 지속적 세계시장 지배력을 갖춘 한국형 히든 챔피언 300개사를 육성한다는 목적으로 2009년부터 '한국형 히든 챔피언 육성사업'을 시작했다.

[네이버 지식백과] 히든 챔피언 [Hidden Champion]

🦋 표 3-3_ 중소·중견·대기업 분류 기준

해당 기업의 주된 업종		분류기호*	중견기업 규모 기준
제조업(6개 업종)	의복, 의복액세서리 및 모피제품 제조업	C14	3년 평균 매출액 1,500억원 초과
	가죽, 가방 및 신발 제조업	C15	
	펄프, 종이 및 종이제품 제조업	C17	
	1차 금속 제조업	C24	
	전기장비 제조업	C28	
	가구 제조업	C32	
농업, 임업 및 어업		A	
광업		B	
제조업(12개 업종)	식료품 제조업	C10	3년 평균 매출액 1,000억원 초과
	담배 제조업	C12	
	섬유제품 제조업(의복 제조업 제외)	C13	
	목재 및 나무제품 제조업(가구 제조업 제외)	C16	
	코크스, 연탄 및 석유정제품 제조업	C19	
	화학물질 및 화학제품 제조업(의약품 제조업 제외)	C20	
	고무제품 및 플라스틱제품 제조업	C22	
	금속가공제품 제조업(기계 및 가구 제조업 제외)	C25	
	전자부품, 컴퓨터, 영상, 음향 및 통신장비 제조업	C26	
	그 밖의 기계 및 장비 제조업	C29	
	자동차 및 트레일러 제조업	C30	
	그 밖의 운송장비 제조업	C31	
전기, 가스, 증기 및 수도사업		D	
건설업		F	
도매 및 소매업		G	
제조업(6개 업종)	음료 제조업	C11	3년 평균 매출액 800억원 초과
	인쇄 및 기록매체 복제업	C18	
	의료용 물질 및 의약품 제조업	C21	
	비금속 광물제품 제조업	C23	
	의료, 정밀, 광학기기 및 시계 제조업	C27	
	그 밖의 제품 제조업	C33	

해당 기업의 주된 업종	분류기호*	중견기업 규모 기준
하수 · 폐기물 처리, 원료재생 및 환경복원업	E	
운수업	H	
출판, 영상, 방송통신 및 정보서비스업	J	
전문, 과학 및 기술 서비스업	M	
사업시설관리 및 사업지원 서비스업	N	3년 평균 매출액 600억원 초과
보건업 및 사회복지 서비스업	Q	
예술, 스포츠 및 여가 관련 서비스업	R	
수리(修理) 및 기타 개인 서비스업	S	
숙박 및 음식점업	I	
금융 및 보험업	K	3년 평균 매출액 400억원 초과
부동산업 및 임대업	L	
교육 서비스업	P	

* 분류기호 : 한국표준산업분류 중 중분류를 기준으로 함

- (상한기준)
  재무상태표상 자산총계(자본총계 + 부채총계)가 5,000억원 이상인 기업
- (독립성기준) 계열관계에 따른 판단기준으로 기업의 규모와는 상관없이 기업 간의 주식 등 출자관계가 아래의 2가지 기준 중 어느 하나에 해당하는 기업
  - 피출자 기업: 자산총액 5,000억원 이상 법인(외국법인 포함)이 30% 이상의 주식 등을 직간접적으로 소유하면서 해당 기업의 최다출자자(최대주주)인 경우
  - 관계기업: 지배 · 종속관계가 있는 관계기업*의 경우 출자 비율에 해당하는 매출액을 합산하여 규모기준을 충족하는 기업
    * 관계기업 : 외부감사의 대상이 되는 기업이 다른 국내기업을 지배함으로써 지배 또는 종속 관계에 있는 기업의 집단

🌱 중견기업(중견기업법 제2조)

　　중견기업은 대기업보다 규모는 작으나, 대기업 수준의 세계화, 경영혁신, 독자적인 경영능력을 갖추고 우리나라 경제를 견인해 오고 있는 규모의 기업들로서 2018년 기준으로 전체 기업의 0.7%에 불과하지만 국내 총 고용의 13.8%, 총 매출액의 15.7%를 담당하는 대한민국 경제의 '허리' 역할을 수행해 오고 있고, 이러한 중견기

업 위상은 계속 부각되고 있다. 이러한 중견기업에 대한 법적 기준은 다음을 참고하기 바란다.

표 3-4_ 업종별 중견기업 법적 정의

- 「중소기업기본법」 제2조에 따른 중소기업이 아닐 것
- 「공공기관의 운영에 관한 법률」 제4조에 따른 공공기관 및 지방공기업이 아닐 것
  ☞ 「중견기업법 시행령」 제2조
- 「독점규제 및 공정거래에 관한 법률」 제14조 제1항에 따른 상호출자제한기업집단 또는 채무보증제한기업집단에 속하는 기업이 아닐 것
- 자산총액 10조원 이상인 기업(외국법인 포함)이 해당 기업의 주식 등을 30% 이상 직/간접 소유하면서 최다출자자인 기업이 아닐 것
- 「통계법」 제22조에 따라 통계청장이 고시하는 한국표준산업분류상의 금융업(64), 보험 및 연금업(65), 금융 및 보험 관련 서비스업(66)을 영위하는 기업이 아닐 것
- 「민법」 제32조에 따라 설립된 비영리법인이 아닐 것

🌲 중소기업(중소기업기본법)

우리나라의 경우 1960년대 초부터 시작된 경제개발계획의 방향이 대기업 위주의 경제정책을 통해 이루어졌고 산업이 고도화되고 선진화됨에 따라 대기업과 중소기업의 분업화된 역할을 나누어 가지면서 중소기업은 소재나 부품 등을 생산하여 대기업에 납품하고 대기업은 중소기업으로부터 제공되는 부품을 기반으로 완제품을 생산하는 형태로 발전해 왔다고 할 수 있다. 1996년에 「중소기업법」이 제정된 이래 여러 차례 개정이 있었으나 최근 중소기업의 정의와 범위는 해당 기업이 영위하는 주된 업종과 평균 또는 연간매출액, 자산총액이 5천억원 미만일 때 중소기업으로 분류하고 있으며《표 3-5》 업종별 중소기업 적용 기준 참조》 해당 업종에 따라 그 기준을 적용하고 있다.

🦋 표 3-5_ **업종별 중소기업 적용 기준**

〈주된 업종별 평균 매출액 기준(중소기업기본법 시행령 별표1, 3)〉

해당 기업의 주된 업종		분류기호	중소기업 (평균매출액)	소기업 (평균매출액)
제조업 (6개 업종)	의복, 의복액세서리 및 모피제품 제조업	C14	1,500억원 이하	120억원 이하
	가죽, 가방 및 신발 제조업	C15		
	펄프, 종이 및 종이제품 제조업	C17		80억원 이하
	1차 금속 제조업	C24		
	전기장비 제조업	C28		120억원 이하
	가구 제조업	C32		
농업, 임업 및 어업		A		80억원 이하
광업		B		
제조업 (12개업종)	식료품 제조업	C10	1,000억원 이하	120억원 이하
	담배 제조업	C12		80억원 이하
	섬유제품 제조업(의복 제조업 제외)	C13		
	목재 및 나무제품 제조업(가구 제조업 제외)	C16		
	코크스, 연탄 및 석유정제품 제조업	C19		120억원 이하
	화학물질 및 화학제품 제조업(의약품 제조업 제외)	C20		
	고무제품 및 플라스틱제품 제조업	C22		80억원 이하
	금속가공제품 제조업(기계 및 가구 제조업 제외)	C25		
	전자부품, 컴퓨터, 영상, 음향 및 통신장비 제조업	C26		120억원 이하
	그 밖의 기계 및 장비 제조업	C29		
	자동차 및 트레일러 제조업	C30		
	그 밖의 운송장비 제조업	C31		80억원 이하
전기, 가스, 증기 및 공기조절 공급업		D		120억원 이하
수도업		E36		
건설업		F		80억원 이하
도매 및 소매업		G		50억원 이하

🌱 대기업

    대기업이란 중소기업이 아닌 기업으로서 공정거래위원회에서 지정한 자산 10조 원 이상의 상호출자제한기업집단(대기업집단), 자산 5조원 이상의 공시대상기업집단(준 대기업집단)이 이에 해당되며 금융 및 보험, 보험서비스업을 하며 「중소기업기본법」에 포함되지 않는 기업을 말한다. 우리나라의 대기업은 지난 30여 년간 그 규모와 순위 변화를 거치면서 경영활동을 영위해 오고 있다.(표 3-6 참조)

🦋 표 3-6_ **우리나라 50대 기업집단 변천(공정거래위원회 기업집단 통계를 참조하여 작성)**

순위	2021	2011	2001	1997	비고
1	삼성	삼성	삼성	현대	
2	현대자동차	현대자동차	현대	삼성	
3	에스케이	에스케이	엘지	엘지	
4	엘지	엘지	에스케이	대우	
5	롯데	롯데	현대자동차	에스케이	
6	포스코	포스코	한진	쌍용	
7	한화	지에스	포항제철(現 포스코)	한진	포스코로 사명변경
8	지에스	한진	롯데	기아	
9	현대중공업	한화	금호	한화	
10	농협	케이티	한화	롯데	
11	신세계	두산	두산	금호	
12	케이티	금호아시아나	쌍용	한라	
13	씨제이	에스티엑스	한솔	대림(現 DL)	대림은 DL로 사명변경
14	한진	엘에스	DB	한솔	
15	두산	씨제이	DL(舊 대림)	효성	
16	엘에스	하이닉스	동양	동국제강	
17	부영	신세계	효성	하이트진로	
18	카카오	대우조선해양	씨제이	코오롱	
19	DL(舊 대림)	DB	코오롱	고합	DB(구 동부)
20	미래에셋	현대	동국제강	동양	
21	현대백화점	DL(舊 대림)	현대산업개발	해태	

순위	2021	2011	2001	1997	비고
22	금호아시아나	부영	하나로통신	뉴코아	
23	에쓰-오일	대우건설	신세계	아남	
24	셀트리온	케이씨씨	영풍	한일	
25	한국투자금융	동국제강	현대백화점	거평	
26	교보생명보험	에쓰-오일	동양화학		
27	네이버	효성	대우전자		
28	에이치디씨	오씨아이	태광산업		
29	효성	현대백화점	고합		
30	영풍	한진중공업	거평		
31	하림	웅진	기아		
32	케이티앤지	코오롱	뉴코아		
33	케이씨씨	한국지엠	대우		
34	넥슨	홈플러스	아남		
35	대우조선해양	영풍	진로		
36	넷마블	현대산업개발	한라		
37	호반건설	동양	한일		
38	SM	미래에셋	해태		
39	DB	케이티앤지	대한전선		
40	코오롱	하이트진로	한국토지주택공사		
41	한국타이어	대성	한국전력공사		
42	대우건설	세아	한국도로공사		
43	오씨아이	한국투자금융	지에스		
44	태영	태광	케이티		
45	이랜드	유진	금호아시아나		
46	세아	현대건설	한국가스공사		
47	중흥건설	현대오일뱅크	한국철도공사		
48	에이치엠엠	현대중공업	한국석유공사		
49	태광	농협	에스티엑스		
50	동원	카카오	엘에스		

2 기업의 규모와 직무 사이_최선의 선택은?

우리나라의 경우 1990년대 말의 IMF와 2008년도 미국발 세계 금융위기를 거치면서 '조직 슬림화와 대규모의 인위적인 인력구조 조정'이 있었다. 이로부터 고용관에 대한 생각이 많이 바뀌게 되었다. 경제환경 변화가 기업과 피고용인 모두에게, 한 번 입사한 직장으로부터 계속적인 고용을 보장받기 어렵다는 현실 인식과 아울러, 일할 수 있는 직업능력의 중요성을 일깨우게 하였다. 또한 고령화 사회 진입이라는 인구 사회학적인 변화가 평생직업과 직업능력의 중요성에 대한 사회적 공감대를 확산시키고 있다고 하겠다. 이러한 고용관의 변화는 직업을 갖는 첫 직장을 '대기업', '공기업'이라는 직장의 규모나 형태에 대한 선호를 기준으로 선택하는 경향에서 본인의 적성과 미래 성장가능성, 장기적인 직업활동의 가능성을 염두에 둔 직업 선택으로 변화해 가고 있는 것을 통해서도 알 수 있다.

1) 대기업의 특성 알기

대기업의 직무수행 환경의 특징으로, 먼저 인적자원관리를 위한 체계적인 관리시스템을 고민하고 다양한 동기부여 방안을 개발하여 제공한다는 점이다. 중장기적인 관점에서 조직구성원의 육성과 능력 발휘를 도모할 수 있도록 기업 차원에서 제도적인 뒷받침을 하고 있다는 것이다.

인적자원에 대해 비교적 많은 재원을 투자하고 역량개발의 기회를 제공하는 반면에, 평가를 통해 기회 부여의 차별화와 조직 활성화를 위한 인위적인 인력 퇴출 과정이 지속적으로 이루어진다.

직무는 비교적 세분화되어 있어 본인의 전공 분야와 관련된 직무분야와 범위 내에서 경력을 쌓아갈 수 있는 직무환경이 제공된다. 주로 특정 분야에서의 전문성을 키우는 방향에서 직무가 부여된다고 할 것이다. 반면 본인이 직무경력을 쌓아가는 기간 동안 회사 전체 비즈니스의 과정과 경영 전반을 경험하기는 쉽지 않다.

대기업은 다양한 중소기업들로부터 원부자재, 부품, 용역, 서비스를 제공받아 이를 완성품으로 만드는 형식으로 두 기업 간 거래관계가 형성되어 있어 해당 제품업계 또는 산업 분야를 구조적으로 이해하기에 용이하다. 하지만 해당 원부자재 조달과 부품 제조의 세부적이고 기술적인 노하우 등 산업 저변을 이루고 있는 중소기업의 생태계까지 이해하기란 쉽지 않다.

기업의 규모(매출, 조직, 제품, 네트워크, 시장)가 크고 다양해서 맡은 직무와 역할을 수행 시에 대내외적 업무의 협업 범위가 넓고 시장과 다양한 고객, 제품 등의 니즈(Needs)를 고려하는 점도 크다고 할 것이다. 예를 들면, 수출 지역의 기후 특성을 고려한 설계가 이루어지며 현지에 직접 가거나 유사한 조건을 갖춘 지역적 환경을 택하여 테스트를 하는 등 냉방공조장치 기본설계를 담당하는 엔지니어의 경우 해외 수출관련 부서와의 바이어 요구사항과 그 지역의 법규에 대한 사전 협조와 검토 등 협업이 필요하다.

2) 중소기업은 어떤 특징이 있을까?

2019년 말 현재 우리나라 산업의 전체 사업체수 4,163,979개 중 99.8%에 해당하는 4,157,396개가 중소기업으로 종사자 수는 84.9%에 달하는 18,640,773명이 중소기업에 종사하고 있다고 한다.

앞에서 살펴 본 기업의 구분과 같이 업종별 기준이 달리 적용되고 있음에도 각 업종별로 차지하는 중소기업의 비율은 실로 크다고 할 수 있으며, 국가적으로 보면 중소기업은 경제적 비중과 산업 측면에서 매우 중요한 역할을 한다고 할 수 있다. 중소기업은 대기업과 비교해 볼 때, 일반적인 특성과 경영적 측면에서의 장단점을 동시에 가지고 있다. 우리나라 중소기업의 일반적인 특성을 보면 첫째, 지역적으로 넓게 분포하고 있으며 업종이 다양하다는 점을 들 수 있다. 둘째, 중소기업의 활동영역이 소재지 지역사회를 기반으로 노동력, 금융, 원재료, 제품 등의 거래관계와 판매가 이루어지고 있다. 셋째, 대기업의 완성품을 만드는 데 소요되는 부품과 모듈 등의 납품을 통해 사업을 영위하는 하청형 기업이 많은 것을 들 수 있다.(박상범, 중소기업 경영론, 탑북스, 2021, 참조)

비교적 그 규모가 작고 복잡하지 않은 경영활동으로 외부 환경 변화에 신속하게 적응할 수 있고, 탄력적 대응력을 갖추고 있는 중소기업은 대기업에 비해 조직이 간소하고 분화의 정도가 크지 않아, 동일 조직 내 다양한 기능과 직무가 분장되어 있다. 따라서 신속한 의사결정이 이루어지고 매우 짧은 시간에 연계된 업무를 폭넓게 익힐 수 있다는 장점이 있다.

또한 의사소통 면에서도 업무수행 과정에서 최고 의사결정자 및 부서 간 수평적 의사소통이 매우 신속하고 활발하게 이루어지는 특징이 있다.

한편 인적자원에 대한 역량개발은 직무수행 현장에 빠른 투입과 'OJT(On-the Job Training) 과정'을 통해서 짧은 기간에 습득할 수 있게 하려는 경향이 있다. 거래처 요구사항과 협업 과정에 대응력을 갖추도록 제품에 대한 전후, 좌우 인접 분야의 빠른 실무 체험을 통해 인력 정예화를 추구하는 것이다.

중소기업의 경우 경력을 가진 숙련된 인력을 선호함으로 인해 대기업과는 달리 특수한 환경적 요인이 없는 한 인위적인 조정에 대한 심적 부담감이 적고 오랜 기간 근속할 수 있는 환경이라고 볼 수 있다.

일정 기간 직무경력이 쌓이게 되면 대기업에서와는 달리 회사 전체 비즈니스의 과정과 경영 전반에 대한 정보를 이해하고 업무수행 과정에서의 크고 작은 의사결정에 주요 멤버로서 참여할 수 있는 기회가 많은 특징이 있다.

3) 성장산업군에 속한 직무와 직장이 답이 될 수 있다.

기업의 규모나 브랜드보다는 성장하는 업종을 우선 탐색할 필요가 있다. 그리고 해당 업종에서 유망 기업과 그 계열에 속한 기업 순으로 단계적으로 좁혀가면서 직장 후보군을 정하고, 본인의 전공과 선호 직무 순으로 접근해 나가면 막연하게 여겨졌던 직장 선택의 혼란에서 벗어나, 안정감을 가지고 취업 활동에 임할 수 있을 것이다. 성장하는 업종에 속한 기업 중에서 본인과 조직문화와의 적합성을 고려하여 선택한 기업이라면 대체로 만족할 수 있을 것이다.

현대 사회는 정보통신기술(ICT)의 비약적인 발전으로 사물 인터넷(IOT) 시대를 맞이하고 있다. 인공지능(Artificial Intelligence), 메타버스(Metaverse), 개더 타운(Gather Town) 등 다양한 방식으로 시공간을 뛰어넘는 인터넷 공간에서 게임과 교육, 회의와 토론 등이 이루어지고 있다. 영상을 통한 가상현실(Virtual Reality) 체험을 넘어 실제와 같은 비즈니스와 사회적 관계 형성, 문화 활동이 가능한 가상의 세상에서 실로 그 속도와 가치를 실감하고 있다. 또한 블록체인 기술이 계속해서 발전하고 있고 사람들은 이미 이것을 화폐 또는 자산으로 인정하고, 전 세계에서 그 가치를 돈을 주고 사고파는 엄청난 규모의 거래소가 3백여 개에 이르고 있을 만큼 큰 변화의 소용돌이 속에 살고 있다.

이러한 변화 속에서 지난 수십 년간 국내외 기업들의 순위 변화에서 우리나라 경제발전의 주축이었던 대기업은 산업 전환기에 업종변신을 계속하면서 더욱 성장한 기업이 있는가 하면, 갑자기 사라진 그룹들도 있다. 기존의 대기업과는 달리 짧은 시기에 디지털 관련 신생 산업의 급속한 팽창으로 벤처기업의 등장도 눈에 띄고 의약산업 분야의 기업들 역시 바이오 시밀러(Bio Similar: 바이오 의약품의 복제약)와 신약 개발, COVID-19로 인한 코로나바이러스의 진단과 치료제의 급격한 매출 성장에 힘입어 의약 바이오 산업에 속한 기업들이 이름을 올리고 있는 것으로 나타났다. 기업순위 변화표는 최근 10여 년 사이의 성장산업과 업종의 변화가 뚜렷이 반영되고 있음을 상징적으로 나타내고 있다고 할 수 있다.

많은 자료들에 의하면 요즘, 'BBIG(배터리, 바이오, 인터넷, 게임)'으로 대변되는 업종에 속하는 기업이라면 향후 최소 20여 년간은 사업침체로 인한 고용에의 영향은 없을 것으로 예측된다. 여기에 추가하여 새로운 에너지업종(신에너지), 로봇과 로봇제조 업종을 포함한 BBIGER(Battery, Bio, IT, Game, Energy, Robot) 산업군으로 확대하여 이에 속하는 기업을 포함하여 취업 목표기업으로 추천한다.

③ 최적의 선택을 위한 도구 활용

"삶은 탄생(Birth)과 죽음(Dead) 사이에서 이루어지는 선택의 연속이다."라고 어느 철학자가 말했다. 현재 선택한 것이 미래에 내가 살아가야 하는 삶의 일부가 되기 때문이다. 그런 만큼 많은 사람들이 훗날 만족한 삶의 결과를 맞이하기 위해 오늘의 선택을 고민하면서 살고 있다. 이처럼 최적의 직장을 선택하고자 하는 독자의 경우도 신중함을 기할 수밖에 없을 것이다.

이 책에서 제시하고 있는 내용들은 보다 합리적인 직장 선택에 필요한 사례와 경험에서 우러나오는 기준들이다. 다음은 지금까지 언급한 내용을 중심으로 최적의 직장 선택을 위한 사항들을 일목요연한 양식으로 구성해 보았다. 이를 활용하면 의

사결정에 이르기까지의 과정을 보다 객관적으로 평가할 수 있을 것이다. 객관적이고 합리적인 의사결정을 위해서는 ① 현재 당면한 문제가 무엇인지를 정확하게 정의하고, ② 선택할 수 있는 대안들을 모두 찾아서 정리한 후, ③ 대안들에 대한 평가기준을 만들고, ④ 평가기준에 따라 각각의 대안들을 평가함으로써, ⑤ 평가기준을 가장 잘 충족시키는 대안을 선택하여야 한다. 객관적인 기준을 만들어 평가하고 그 결과를 비교하여 선택한 직장은 보다 더 큰 믿음이 갈 것이다.

1) 시트 활용방법

1 직무비전은 평가의 전제조건으로서 평가하기 전 반드시 본인이 설계를 마친 상태에서 평가할 것을 권장한다.
2 평가요건 항목에 대해서는 평가시점에서 대상으로 하는 기업을 선정하고 평가한다.
3 '유보'와 '아니다'에 해당하는 항목에 대해서는 이유를 작성한다.

🌸 직장선택기준 평가양식

직장선택 요건		대안선택을 위한 평가기준	그렇다	아니다	유보
전제 요건	직무비전	1. 직무분야에의 적성은 맞는가?	평가 전 별도 작성		
		2. 직무비전과 경력개발 계획은 수립되었는가?			
평가 요건	산업군	1. 성장산업군에 속한 기업인가?			
		2. 원하는 직무인가?			
	처우기준과 성장가능성	1. 원하는 연봉과 처우기준을 충족하는가?			
		2. 직무와 개인의 성장을 지원하는가?			
	기업문화	1. 본인이 선호하는 가치관과 적합한가?			
		2. 회사의 조직문화를 수용할 수 있는가?			
사유	아니다	충분한 정보(웹 서핑, 선배, 언론, 인사담당자)에 근거하여 판단할 때 분명히 아님을 확신하였을 때			
	유보	평가기준 내용에 대해 정보를 충분히 확인할 수 없음 그런지 아닌지 분명한 확신이 없음 지금은 아니지만 향후 여건을 고려하면 '그렇다'로 실현가능성이 있음			

2) 평가 결과의 확정

위 내용 이외에도 직장 선택의 조건에 대해서는 더 다양한 견해가 있겠으나 적어도 위에서 제시한 내용은 가장 중요하게 검토해야 할 요건들이라고 할 수 있다. 따라서 각 항목을 평가한 후 '아니다'와 '판단 유보'에 해당하는 항목에 대해서는 사유를 적어보고 해당 항목과 관련된 정보를 수집하고 검토한 후 재평가를 해야 한다. 그리고 하나의 항목이라도 '아니다'라는 확신이 든다면 해당 기업은 선택 대상 리스트에서 제외하기를 권장한다.

모든 항목에 대해 '그렇다'일 경우 다음 단계인 전형을 위한 정보 습득과 전형 특성에 따른 취업 준비에 돌입한다.

거의 동일한 조건의 기업들이라면 직무비전을 제외한 3가지 요건 외 다른 기준을 추가할 수 있겠으며 각각의 기준에 가중치를 두어 산출할 수 있도록 설계하여 그 우선순위를 정할 수 있을 것이다.

⑩ 생활권과의 거리, 교통편, 근무지 환경 등 지리적, 물리적 요건, 기타 개인적 선호기준

인사 채용 전문가
5인이 제안하는

취업의
비법

PART

02

취업 전략과
실천 방안

인사 채용 전문가
5인이 제안하는
취업의
비법

Chapter 04

직무역량을
분석할 수 있을까?

1 잘할 수 있는 능력은 뭘까?

A군 "기왕이면 대기업이 좋지요. 들어가기가 어려워서 그렇지. 그런데 어른들은 대기업보다 인지도는 낮지만 성장가능성을 보고 선택하라고 말씀하시죠. 하지만 그런 회사를 찾기도 쉽지 않아요. 그런 회사를 어떻게 찾지요?"

K교수 "그렇지요? 대기업도 좋겠지만 성장성 있는 회사도 좋지요. 그런데 그런 회사에서는 입사지원자를 무엇을 보고 뽑으려고 할까를 먼저 생각해 봤어요?"

A군 "네, 몇 년 전까지 선배들은 스펙이 중요하다고 스펙 쌓기에 노력했었는데 지금은 스펙 비중보다는 직무수행능력이 더 중요한 스펙이 된 것 같다고 해요. 직무역량이 뭐고 어떻게 갖춰가야 할까요?"

'좋은 회사'란, 사람에 따라 선택기준이 각기 다를 것이다. 최근 사원 채용 방식의 흐름을 보면, 직무수행능력을 중요하게 보는 것이 확실하고, 여러 기업들이 그것을 중요하게 보고 있다. 이는 취업지원자들이 궁금해 하는 사항이고 또한 중요한 것이다.

직원을 채용하고자 하는 회사는 채용하면 바로 업무에 투입할 수 있는 '인재'를 채용하고자 한다. 그래서 큰 기업이든 규모가 작은 기업이든 과거의 대규모 공채보다는 수시채용을 통해 원하는 인력을 뽑으려고 한다. 가능하면 직무별 수시채용을 통해 현업부서의 업무공백기를 줄이고 배치 시까지의 시간과 비용을 최소화하려는 것이다. 따라서 기업에서는 지원자들의 직무수행능력을 보고자 하므로 지원자들은 자신이 목표로 하는 직무에 대해 직무수행능력이 확보되어 있음을 증명할 수 있어야 한다. 때로는 신입사원을 모집하려는 곳에 다른 회사에서 1~2년 근무했던 경력자들이 신입으로 지원하는 경우도 볼 수 있는데, 이는 기업에서의 지원자 선발 시 선호 성향을 잘 파악하고 있는 지원자들의 취업전략 사례로도 생각된다.

한편 입사지원자들은 기업에서 직무역량에 관하여 어떤 것들을 보고 평가하고자 하는지 궁금할 것이다. 기업마다 다르겠지만 기업들이 직무수행능력을 보려고 하는 요소들로는 대체로 해당 직무와 관련한 '자격증'은 어떤 것을 취득했으며, '교육'은

어떤 과목 또는 과정을 이수했는지, 그리고 관련 직무 또는 유사한 직무수행 '경험'
은 어떤 것이 있으며, 직무수행 '경력'으로는 어떤 일을 수행했었는지를 보려고 한다.
또한 다양한 경력과 경험, 역량 등에 관해서는 자기소개서와 면접 질문 등을 통해
파악하고자 한다.

그러면 여기에서 한 가지 사례를 살펴보면 이해가 빠를 것이다. 2021년 상반기 어
느 기업의 채용공고를 통해 큰 평가항목과 요소들이 무엇인지 살펴보기로 한다.

 (사례) **서류전형 평가기준**

(단위: 점)

구분	정량항목 점수			정성항목 점수			합계
	(1)자격증	(2)교육사항	소계	(3)경력 · 경험 기술서	(4)자기소개서	소계	
신입	20	30	50	20	30	50	100
	4개까지 인정	6개까지 인정					

* 정성항목(경력, 경험 및 자기소개서)은 제3절에서 설명하였음

[직무수행능력 파악 요소 = 자격증 + 이수한 교육(학교 내, 학교 밖) + 경력 + 경험 + 자기소개서]

위의 요소별로 점수부여 기준을 보면 각각의 중요도를 짐작할 수 있다.

먼저 자격증의 성격은 국가 또는 공공기관, 공인 교육기업이나 단체, 분야별 학회
등이 특정 분야의 일정한 전문성 또는 전문가 자격을 공식적으로 인정하는 것이다.
사원채용 시에 채용 부문별 직무기술서상에 명시된 자격증만을 인정한다.

직무와 관련한 국가기술자격증 및 국가전문자격증이 최우선이다. 공학계열의 경
우 기술사, 기사, 산업기사, 기능사 자격증이 대표적이다. 그리고 인문사회계열은 국
가전문자격이 대표적이며, 권위 있는 업종별 단체나 협회, 학회 등이 부여하는 민간
자격과 영향력 있는 기업이나 조직이 부여하는 자격도 인정받을 수 있다. 인정을 받

을 수 있는 자격증은 회사별로 직무관련성 정도 등을 감안하여 몇 개까지 인정한다고 채용공고를 통해서 공지하므로 미리 확인하고 차근차근 준비해야 한다. 따라서 지원자들은 목표로 하는 직무나 기업의 요구를 미리 파악하고 자격증 취득 등 실무수행능력 증명에 필요한 공인자격을 확보해야 한다. 위에서 사례로 든 기업은 자격증을 최대 4개까지 인정하고 자격증 1개당 5점씩을 부여한다.

다음으로는 교육사항이다. 교육사항 역시 직무기술서상 필요 지식과 연관된 과목 이수 여부를, 지원자가 작성한 교육 주요내용 및 교육기술서를 참고하여 점수를 부여한다. 인정받는 교육과정은 학교 내에서 공부한 과목은 물론 학교 밖에서 직무와 관련된 이수 과정을 인정해 준다. 물론 학교 내 교육과목은 대체로 공개되어 있고 학과나 전공별로 전공필수과목 또는 전공선택과목 등으로 일반적으로 알려져 있어서 평가가 쉽지만, 학교 밖 교육과정은 너무 다양하고 신뢰성을 확인하기 어려운 경우가 많아서 어떤 회사에서는 정부지원을 받은 교육과정 또는 공인된 권위 있는 교육과정만을 인정한다. 또한 채용공고를 통해서 해당 직무에 따라 필요로 하는 인정자격증을 공지하므로 확인해 보아야 한다. 위의 사례로 든 기업은 최대 6개 교육과정을 인정해주며 1개 교육과정당 5점씩을 부여한다.

그리고 그 다음이 지원자가 그동안 해왔던 경력·경험을 통해 직무수행능력을 알아보고자 하는 것이다. 이것은 지원자가 작성한 경력기술서와 경험기술서를 통하여 ① 직무연관성, ② 내용의 명료성, ③ 경험, 경력의 수준, ④ 실무적용가능성 등을 각 항목별로 0점부터 5점까지 점수를 부여한다.

각 항목별로 보면, 직무연관성은 지원자가 기술한 내용이 지원직무와 연관성이 어느 정도냐를 판단해 점수를 부여한다. 내용 명료성은 지원자가 작성한 내용이 모호하지 않고 명료한가의 수준에 따라 점수를 부여한다. 경험과 경력의 수준은 지원자가 작성한 내용을 기준으로 수준 정도를 평가하고 점수를 부여한다. 경험과 경력의 수준이 얼마나 높은가에 따라 점수를 부여한다. 그리고 발전가능성은 해당 경험이나 경력이 실무적으로 적용될 가능성이 얼마나 있겠는가 하는 잠재적 관련성 또는 활용가능성 정도에 따라 점수를 부여한다.

이상의 사례를 통해 살펴보고자 하는 직무수행능력으로 교육 및 경력·경험이 중

요시되고 있는 것을 볼 수 있는데 지원직무와 관련된 자격증을 면밀히 파악하여, 적어도 2년 정도는 계획적으로 차근차근 취득해 놓는 것이 좋을 것으로 생각된다.

또한 경력을 통해 직무수행능력을 보여주기 위해서는 인턴, 현장실습, 계약직 근로 등 직무와 관련되어 임금을 받으면서 근무했던 경력을 차근차근 정리하되, 입사지원서 작성 시에 몰아서 쓰기보다는, 일하면서 느꼈거나 개선했거나 실천했던 사항들을 성취스토리 형식으로 그때그때마다 만들어 놓을 필요가 있다.

한편 경험은 경력활동과 유사하다고 볼 수 있으나 약간 다른 점은, 임금을 받지 않고서 직무와 관련되거나 유사한 활동을 했던 자원봉사, 체험프로그램 참여 활동, 경진대회 참가 등이 포함된다고 볼 수 있다. 경험 역시 이를 수행하면서 업무와 관련한 개선의지, 느낀 점, 수상경력 등을 미리, 차근차근 잘 정리해 두면 입사지원서 작성 시에 부담을 덜게 되어 좋을 것이다.

내가 취득한 자격증, 교육사항 점수 계산해 보기

구분	점수	합계	비고
자격증 ❶ ❷ ❸	개당 5점		
소계			
교육사항 ❶ ❷ ❸	과정당 5점		
소계			

* 한국사 능력시험 1, 2급은 거의 필수로 요구하는 것으로 보인다.

2 자격증은 직무역량과 무슨 관계가 있을까?

A군   "교수님, 미치겠어요… 그냥 졸업을 할까, 휴학하고 취업을 준비해 볼까. 대학원이나 갈
까…" 고개 숙인 4학년 학생의 이야기이다.

B군   "두 군데 합격이 되었습니다. 면접 한 군데 더 남았어요." 밝은 표정을 짓는 4학년 학생도
있다.

같은 4학년이면서 왜 이렇게 상반된 상황을 맞았을까? 그것은 준비를 했는지, 하지 않았는지의 차이일 것으로 보인다. 자신을 냉정히 바라보고 평가해 보자. 당신이 만일 기업의 최고경영자(CEO)라면 당신을 채용할 수 있겠는가?

이른바 세간에 알려진 '좋은 직장'이나 '좋은 일자리(Decent Jobs)'에 대한 경쟁이 치열해진 지금은, 본인이 원하고 괜찮은 직장이나 직업을 갖기 위해서는 적어도 2~3년 간 노력을 기울여 준비해야 한다. 일찌감치 취업목표를 세우고 그 목표를 달성하기 위한 계획을 세우고, 착실히 추진해 나가야만 가능할 것이다. 물론 전공이나 교양공부를 열심히 하는 것은 기본이다. 취업 목표를 세우고 이를 달성할 추진 계획이 세워져 있어야 어떤 자격증이 필요하고 또 필요한 외국어 점수 취득 등 구체적인 실천으로 이어지게 되는 것이다.

취업에 어려움을 겪었던 선배들의 사례를 보자. S대학을 졸업한 L씨는 졸업 후 이력서와 자기소개서를 제출한 회사만 30여 곳이고, 많게는 하루 2~3곳을 지원했다면서 "10여 곳은 최종면접까지 갔지만 번번이 고배를 마셨다."고 고개를 내저었다. 대학 4년 평균성적은 학점 3.6에 TOEIC 885점인 L씨는 "무능력하다는 생각이 자꾸 들어 위축된다."고 말했다. 가을철 취업시즌에서도 실패할까봐 벌써부터 마음을 졸이고 있다고 했다.

또 K대를 졸업한 Y씨는 토익점수 900점, 학점도 3.87이며, 4년 동안 노래동아리 활동을 해서, 대중 앞에 서는 것도 자신 있다. Y씨는 지난해 학과에서 추천받은 대

기업 다섯 군데에 도전해 최종면접까지 갔으나 떨어져 좌절감이 크다.

또 다른 사례로 K대 4학년인 P씨는 학교가 끝나면 영어학원에, 그리고 저녁에는 중국어학원에 가고 있다. 지금의 영어 점수로는 마음이 놓이지 않으며 제2외국어로 중국어도 할 줄 알아야 취업에 도움이 될 것 같아서라는 것이다.

그런데 위의 사례를 잘 살펴보면, 성적이 좋고 외국어를 열심히 했지만, 취업에 실패할 수밖에 없는 이유가 있을 것 같다.

그 이유 중에서 가장 중요한 것은 이들 모두 '목표와 전략(Goal and Strategy)'이 없다는 것이다. 수십 곳을 지원했다는 것이나, 추천서가 학교에 왔으므로 응시한 것, 또 대학 4학년인 데도 외국어학원을 두 곳이나 다니고 있다는 것은, 목표 없이 무작정 준비했다는 것을 보여준다. 목표를 세우고 실천한 방안들을 보면, 취업하고자 하는 직무에서 요구하는 필요한 자격증과 어학점수를 얼마만큼 획득해야 하는지를 알 수 있었을 것이고, 이에 따라 준비를 잘해 갈 수 있었을 것이다. 저자가 입사지원서류를 심사하면서 회사에서 요구하는 자격증을 따지 않았거나 직무와 관계없는 자격증을 따느라 시간과 돈을 낭비한 사례도 자주 볼 수 있었다.

자격증과 관련하여 2021년 상반기 채용시험에서 적용된 어느 기업의 지원직무별 인정자격증과 점수부여 요건을 살펴보면 쉽게 이해할 수 있다.

우선 일반직을 지원할 경우이다. 이 회사는 공공기관이므로 채용에서 NCS 분류체계를 따르고 있는데, 이에 따르면 대분류-중분류-소분류-세분류(직무)로 상세화하고 있다. 위 회사가 제시한 직무설명자료를 바탕으로 직무를 분류해 보면 다음과

表 4-1_ 일반직 직무분류

구분	대분류	중분류	소분류	세분류(직무)
일반직	02.경영 · 회계 · 사무	01.기획사무	01.경영기획	01.경영기획
			03.마케팅	01.마케팅전략기획
				02.고객관리
				03.통계조사
	10.영업판매	01.영업	01.일반 · 해외영업	01.일반영업
		03.판매	01.e-비즈니스	02.전자상거래

같다.

대분류로는 경영·회계·사무, 영업판매 2개이며 중분류는 기획사무, 영업, 판매 3개이고 소분류로는 경영기획, 마케팅, 일반·해외영업 및 e-비즈니스 4개로 나뉜다. 그리고 세분류(직무)는 경영기획, 마케팅전략기획, 고객관리, 통계조사, 일반영업, 전자상거래 등 6개로 구성된다.

위 회사의 일반직 직무설명자료에서는 우대해 주는 자격증을 다음과 같이 명시하고 있는데 세분류의 직무를 수행하는 데 활용될 자격증을 여러 가지 제시하고 있다. 즉, 정보처리기사/산업기사/기능사, 경영지도사(마케팅, 생산관리, 인적자원관리, 재무관리), 정보관리기술사, 유통관리사, 전자상거래관리사1~2급, 전자상거래운용사, 전산세무1~2급, 전산회계1~2급, 세무회계1~2급, 전산회계운용사1~2급, 품질관리기술사/기사/산업기사, 물류관리사, 자산관리사(FP), 공인노무사, 세무사, 공인회계사(KICPA, AICPA), ERP회계정보관리사1~2급, CS Leaders(관리사), 재경관리사, 컴퓨터활용능력1~2급, 워드프로세서1~2급, 한국사능력시험1~2급이다.

위의 자격증 중에서 최대 4개까지 인정해주며 개당 5점씩 20점을 부여한다. 따라서 일반직에 지원할 지원자라면 지원직무와 밀접한 4~5개를 취득할 필요가 있다. 참고로 이 회사는 서류심사 점수 100점 만점이며 자격증 20점, 교육사항 30점, 경력·경험 20점, 자기소개서 30점의 평가기준을 가지고 있다.

한편, 모든 직무에서 공통적으로 인정해주는 자격증이 있는데 바로 국사편찬위원회 시행 한국사능력시험1~2급이다. 따라서 한국사능력시험1~2급은 입학 후 저학년 때에 취득해 놓거나 남학생의 경우 군대생활을 하면서 취득하는 전략을 고려하는 것도 좋을 것 같다. 이와 함께 정보화능력을 증명할 수 있는 정보처리기사/산업기사/기능사, 컴퓨터활용능력1~2급 역시 회사에 따라 공통적으로 인정받을 수 있는 자격증이 될 수 있으므로 관심을 갖고 확인해 본 후, 미리미리 따두기 바란다.

이상에서 살펴보았듯이 경력사원 같은, 채용 후 바로 업무에 투입할 수 있는 신입사원을 채용하고자 하는 기업의 입장에서는 지원자가 어떠한 실무능력을 갖추었는지 알고 싶어 한다. 따라서 실무능력을 확인할 수 있는 근거자료로서 취득한 자격증으로 실무능력을 가늠해 보고자 하는 것이다.

✏️ 나의 실무능력 증거(자격증) 취득 및 취득예정 자격증을 적어보자.

국가기술/전문자격증	❶
	❷
	❸
	❹
	❺
협회/단체/민간자격증	❶
	❷
	❸

3 경력과 경험을 통해 만들어지는 직무역량

F선배 "취업 선배로서 한 말씀 드리겠습니다. 저도 취업 준비 초기에는 직무수행능력을 잘 이해
하지 못했습니다. 합격된다면 회사에 들어가서 열심히 배우면 되겠지 하고 그냥 하고 싶
었던 일에만 초점을 두었었지요. 그러던 어느 날 피터 드러커 교수의 책을 보다가 "강점
위에 구축하라."는 문구를 발견하고는 그때부터 "내가 할 수 있는 것은 무엇인가"에 대한
생각을 하게 되었습니다. 그러면서 다음과 같은 질문을 저 자신에게 해 보았습니다.

① 나의 강점은 무엇인가? 그것을 강화하기 위해 어떤 노력을 기울여야 하는가?

② 나는 무엇을 할 수 있으며, 그리고 그것을 언제까지 완료할 수 있는가?

③ 내가 원하는 직무를 수행하는 데 필요한 정보와 능력은 무엇이고, 또한 내가 보유하고
있는 정보와 능력은 무엇인가?"

"그 후부터 입사지원서를 쓰거나 면접을 준비할 때 '그 기업은 왜 나를 채용해야 하는
가?'에 대해 3분간 남에게 설명할 수 있다면 나는 분명 꼭 필요한 인재일 것이라는 생각
으로 실무능력을 습득하기 위해 노력했습니다. 그리고 위의 질문에 대한 답을 할 수가 없
을 때는 다시 한번 곰곰이 생각해 보곤 했습니다."

몇 년 전에 유명여행사에 취업한 학생의 말이다. 선배들의 사례를 통해 볼 수 있
듯이 이제는 준비된 인재만이 통하는 시대가 되었다.

'철저히 준비된 인재는 학벌에 상관없이 취업할 수 있다.'는 생각으로 취업 2년 전
부터 A사에 관심을 갖고 준비하던 지방대학 출신 지원자가 공개 프레젠테이션 기회
를 통해 '중국 상하이 진출을 통한 글로벌 브랜드 육성 전략'이라는 구체적인 전략
을 발표하고 합격한 사례도 있다.

이와 같이 취업목표를 일찌감치 정하고 준비한 사람은 반드시 합격한다. 다양한
실무를 충분히 경험했으며, 많은 자료를 정확히 분석해 가면서 가능성을 보여줄 수
있었기에 가능한 것이다. 최근 경제적, 사회적, 기술적 환경의 영향으로 채용환경도
많이 달라졌는데 가장 큰 것은 수시채용이 확대된 것이고 또 취업 스펙의 종류와
내용이 달라졌다는 것도 여러 번 강조했다.

다음 표에서 알 수 있듯이 서류통과에 필수적인 스펙이 모두 직무수행능력에 초

점을 맞추고 있는 것이다. 실무를 수행할 수 있는 능력을 인정한 자격증, 실무와 관련된 지식에 필요한 교육을 받은 내용, 실무를 직접 또는 부분적으로라도 수행해본 경력과 경험 등이 스펙이 된 것이다. 몇 년 전 선배들이 준비했던 학점, 토익점수, 어학연수 등과 같은 것은 이제 거의 사라졌거나 기본이 된 것이다.

채용전문가 Yana Parker는 채용서류(이력서)의 목적을 "한 개인의 마케팅 수단이다. 그 목적은 최종적으로 취업면접의 문을 여는 데 있다(A resume is a Personal Marketing Piece Designed to Open the Door for an in-Person Job Interview)."라고 했다. 이력서나 채용 스펙은 다음 단계로 가기 위한 통과의례의 과정이다. 따라서 이를 통해 내가 취업시장에서 선택될 만한 가치를 지니고 있는지를 잘 드러낼 수 있어야 한다.

아래 표는 2021년 상반기 어떤 회사의 채용서류심사에서 지원자의 직무수행능력을 살펴보고자 한 사례로서 중요하므로 소개한다.

🌸 서류전형 평가기준

구분	정량항목 점수			정성항목 점수			합계
	자격증	교육사항	소계	경력 · 경험 기술서	자기소개서	소계	
신입	20	30	50	20	30	50	100
				① 직무연관성 ② 내용명료성 ③ 경험. 경력의 수준 ④ 실무적용가능성	① 질문에 부합하는 내용인가 ② 적합한 역량을 가졌는가?		

* 정량항목 점수 부분은 제2절에서 설명하였음.

사례에서 볼 수 있듯이 경력기술서와 경험기술서는 그동안 노력했던 직무수행 체험과정에서 본인이 목표하는 직무와 얼마나 밀접한지 등을 설명할 수 있어야 한다. 그리고 수행 또는 체험했던 내용이 서류심사자가 쉽게 이해할 수 있도록 명료하게 보여주어야 한다. '대강 이런 내용을 했습니다.' 정도의 내용으로는 설득이 어렵다.

또한 경력과 경험의 과정에서 어느 정도의 난이도 있는 일을 해봤는지도 보고 싶어 한다. 예를 들면. 단순히 어느 조직에 인턴이나 현장실습으로 배치되어 반복적인 일만 했는지(하지만 허드렛일을 잘 배우고 완벽히 수행하는 것도 중요하게 본다) 아니면 지도사원의 지시를 받으며 어떤 프로젝트에 참여하여, 무엇인가 나름대로 역할을 한 경험이 있는지 등의 수준도 중요하게 본다. 그리고 그가 수행했던 경력과 경험이 우리 회사에 채용이 된 후에 현업에서 얼마나 응용되고 현업이 개선될 수 있는가의 관점도 중요하게 볼 것임을 알 수 있다.

• 아래 사례들은 각각 교육기술서, 경력기술서, 경험기술서를 이해하기 쉽도록 선배들의 자료를 재구성하여 소개한다.

🔍 교육기술서 사례_1

대학교에서 전자전기공학부를 전공하였고 방송기술인에 적합한 인재가 되기 위해 통신, IT, 전기 전반을 아우르는 강의를 수강하였고, 졸업 후 이와 연계된 기사자격증을 취득하였습니다.

1) 통신공학 분야
   • 디지털 및 아날로그 전반을 아우르는 통신공학 과목 이수
   • 무선설비기사, 정보통신기사 취득

2) IT 분야
   • 컴퓨터구조, 컴퓨터커뮤니케이션 과목을 수강하여 컴퓨터 및 IP네트워크 전반에 대한 기초개념 확립
   • C언어, MATLAB 등 프로그래밍 코딩언어 강의 수강
   • C프로그래밍, 베릴로그를 활용한 조별 프로젝트 진행

3) 전기공학 분야
   • 회로이론, 전자기학, 제어공학 등 전기공학의 기초가 되는 과목 수강 - 전기기사 자격증 취득을 통해 전공지식 보충

교육기술서 사례_2

[과목명: 신상품 마케팅]

1) 주요 학습 내용

신상품 개발 과정 학습 후 팀 프로젝트를 통해 신상품 개발 과제 수행

2) 팀 프로젝트
- 주제: 반려동물을 위한 토털 솔루션
- 진행 과정
  ① 아이디어 창출: 속성 열거법, 브레인스토밍 진행
  ② 아이디어 평가: 사업성 분석을 통해 반려동물 요양원 채택
  ③ 제품 개념 개발
    - STP 전략 실행
    - Segment: 고령, 중증질환을 앓는 반려동물
    - Target: 중산층 이상, 가족 구성원 모두 사회생활을 하는 보호자
    - Positioning: 고급화/종합 서비스
  ④ 마케팅 전략 개발과 사업성 분석: 4P 마케팅 믹스 실행
    - 제품전략: 요양, 치료, 장례까지 종합 서비스 제공
    - 가격전략: 고가격/고품질 전략
    - 유통전략: 서울 근교 위치, 반려동물 픽업 서비스 실행
    - 프로모션 전략: 지역 동물병원 연계 프로모션, 다큐멘터리 등 교양프로그램 PPL 등

3) 배운 점
- 시장의 매력도와 실제성을 파악하는 법 학습
- 제품 콘셉트 개발을 위한 STP 전략 수행 방법 학습
- 목표시장에 맞는 마케팅 방안을 기획하는 법 학습

경력기술서 사례_1　　타 회사근무 후 경력연수 부족으로 경력이 아닌 신입으로 입사지원

1) 주요 업무

- 온/오프라인 유통 채널 입점 관리 및 매출 분석
  - 역할: 각 채널별 영업 운영 전략 및 프로모션 기획과 운영
  - 성과: 편의점 및 온라인 채널 신규 입점, 월별 특색 있는 프로모션 진행으로 전년도 매출대비 50% 상승
- 마케팅 전략 기획 및 SNS 관리
  - 역할: 트렌드 및 주소비층 분석 기반의 마케팅 기획안 운영 및 관리
  - 성과: 이벤트 참여 목표율 150% 달성 및 입점 홍보 성공적 진행
- 화장품 기획세트 제품 출시
  - 역할: 시장조사를 통한 소비자 트렌드 파악 및 적합한 기획 구성
  - 성과: ○○○기획세트 제작 및 카테고리 베스트 상품 선정
- 월별, 연도별 경영기획서 작성 및 중장기 사업계획 추진 전략 모색
- 시장환경 분석 및 타깃 고객 선정을 기초로 마케팅 전략 수립
- 오프라인 가맹점 유통망관리 및 고객관리

2) 주요 성과

- 국내 최초 천연화장품 랄라 ○○ 입점 및 옥외광고 성공적 종료
- 자사 B2B 임직원몰 신규 고객 유치 및 사이트 활성화

3) 습득내용

- 회사 스프레드 시트 및 PT 기법 습득
- 회사 내·외 이해당사자와 의사소통능력 향상 및 협상기술 습득
- 온라인 사이트 운영 및 주문 처리 프로세스에 대한 지식 습득

경력기술서 사례_2   인턴 경력만 있는 사례

저는 공공기관에서 두 번의 인턴 경험을 했습니다. 첫 번째는 ○○공사 고객지원팀 소속으로 근무했으며 지사를 방문하는 고객을 응대했습니다.

- 인턴기간 중 프레젠테이션을 하는 행사가 있어서 참여했고, '공유가치창출을 통한 공공기관의 브랜드 가치 극대화'라는 주제의 프레젠테이션을 사원들을 도와가면서 진행에 참여했습니다.
- 또한 지도사원의 지도를 받으면서 ……(생략)

두 번째는 한국○○정보원의 청년정책연구개발팀에서 근무하고 있습니다.

- 인턴기간 중 '온라인청년센터'의 홈페이지를 홍보하는 방안을 사원들의 지도를 받으면서 기획과정에 참여했고, 사용자 의견을 수집 및 홈페이지 개선과 관련된 의견 제시를 하는 과정에서 ……(중략)
- 또한 지도사원과 함께 지방출장을 수행하면서 ……(생략)

경험기술서 사례

××대학교 1학년부터 4학년까지 대학교 교내 방송국에 입국하여 엔지니어 및 실무국장 직책을 맡았습니다. 또한, 교내 축제 무대 기획 및 중계 감독을 맡아 축제기간 동안 중앙무대 중계를 진행한 경험이 있습니다.

1) 방송 엔지니어(○○.○○ 부터 ~ ○○.○○ 까지, ○년 ○월)
- 방송장비의 구매관리, 유지보수 및 시스템 설계, 운용지원
- 교내 오디오생방송 중 디지털콘솔 운용
- 카메라촬영 및 편집프로그램(프리미어, 베가스, 에프터이펙트 등) 운용
- 입학식, 졸업식 등 행사 시 PA장비 운용

2) ××대학 방송국 실무국장(○○.○○ 부터 ~ ○○.○○ 까지, ○년 ○월)
- 방송국 실무 행정 및 편성총괄 담당

3) 교내 축제 무대 기획 및 중계감독 역임(○○.○○ 부터 ~ ○○.○○ 까지, ○년 ○월)
　　· ○○ 재주꾼 선발대회 무대 기획
　　· 축제무대 중계방송 카메라 운용 및 인터넷(페이스북, 유튜브 등) 생중계

　　이상에서 살펴보았듯이 경력사원 같은 신입, 채용 후 바로 업무에 투입할 수 있는 신입사원을 채용하고자 하는 기업의 입장에서는 지원자가 어떠한 실무능력을 갖추었는지 알고 싶어 한다. 따라서 실무능력을 확인할 수 있는 경력, 경험, 자격증, 학습과정 등과 같은 과거 행적으로 실무능력을 확인해 보고자 하는 것이다.

✏️ 경력 및 경험 기술서에 핵심내용을 적고 내용적합도에 평가점수를 부여해 보십시오.

구분	내용	적합도 수준
경력기술서	❶	상(　) 중(　) 하(　)
	❷	상(　) 중(　) 하(　)
	❸	상(　) 중(　) 하(　)
	❹	상(　) 중(　) 하(　)
	❺	상(　) 중(　) 하(　)
경험기술서	❶	상(　) 중(　) 하(　)
	❷	상(　) 중(　) 하(　)
	❸	상(　) 중(　) 하(　)
	❹	상(　) 중(　) 하(　)
	❺	상(　) 중(　) 하(　)

Chapter 05

이력서와
자기소개서

1. 그 이력서는 눈에 띄네

> **A군** 솔직히 이력서 쓰는 건 어렵지 않습니다. 인터넷에 샘플 이력서가 많이 있습니다. 그런데 회사에서는 서류심사를 할 때, 제 이력서를 무슨 기준으로 판단을 하는지 궁금합니다.
>
> **B군** 저는 이력서 쓰는 게 가장 힘이 듭니다. 다른 학생들도 다 비슷비슷할 텐데 어떻게 색다른 이력서를 쓸 수 있는지, 아무리 생각해도 답이 안 나옵니다.
>
> **C군** 저는 이력서나 자기소개서를 쓸 때는 제 마음대로 씁니다. 어차피 서류심사가 뭐 대단히 의미가 있는 것도 아니지 않나요?

    누구 말이 맞는지, 무엇이 옳은지 필자도 쉽게 판단할 수 없다. 그럼에도 불구하고 서류심사에 가장 중요한 역할을 하는 문서가 바로 이력서와 자기소개서이다. 입사지원서에 두 가지 서류가 모두 포함되는 경우가 많다.

    이력서는 취직을 하기 위해 급하게 작성해서 제출해야 하는 서류가 아니며, 다른 사람이 잘 작성한 것을 베껴서 예쁘게 포장하여 곳곳에 뿌리는 자료는 더욱 아니다. 이력서는 자신이 살아온 삶의 흔적이며, 누군가에게 보여주어도 부끄러움이 없는 자기만의 역사이다. 같은 내용이라 해도 어떤 용어를 사용하고, 어떤 양식으로 작성하는가에 따라 보는 이의 느낌이 달라진다. 자기소개서의 문장과 어휘는 읽는 사람으로 하여금 판단과 의사결정에 중요한 역할을 한다.

    이력서에 대한 정의는 다음과 같다.("Business Communication", Ellen Guffey. 참조)

- 이력서는 자신의 '업적을 정리한 역사(A History of Accomplishment)'
- 직업의 선택 또는 경력관리 전략에 중요한 자료(A Vital Part of Job or Career Management Strategy)
- 자신의 관심과 자질을 나타내는 요약 자료(A Digest of a Self-Interests and Qualifications)
- 상대방이나 고용예정자와 소통을 하는 중요한 방법(An Important Way of communicating with Counterpart or Employers)

• 자신을 팔고 알리기 위한 진실한 제안 설명 자료(A Truthful Sales Presentation)

저자들은 오랫동안 직장생활을 하였고 그 후 기업과 대학에서 강의를 하는 사람이지만, 수시로 이력서와 약력을 작성해 본다. 쓸 때마다 생각이 달라지고, 고객의 특성에 따라 개선하고 보완할 항목이 있다.

대학을 졸업하는 취업준비생의 경우, 대학생활에서 특별한 활동을 하거나 예외적인 경력을 쌓지 않은 이상, 특별히 쓸 만한 내용이 없을 수도 있다. 특히 공부만 하면서 아르바이트나 대외활동을 하지 않았다고 해서 취업을 하기에 부족한 것도 아니다. 착실히 학업에 집중하여 우수한 성적을 거둔 사람이 더욱 좋은 평가를 받는 경우가 많기 때문이다.

저자가 입사지원자들의 이력서와 자기소개서 등을 읽으면서 실망을 했거나 상세히 다시 읽어 보고 싶지 않은 글들은 다음과 같다.

• 어디선가 베껴 쓴 듯한 문장들로 쓴 이력서 또는 자기소개서
• 앞뒤 문맥이 맞지 않거나 연결이 어색해서 억지로 꾸민 듯한 글
• 적절하지 않은 단어와 어휘의 선택으로 인하여 문장이 매끄럽지 않은 글
• 자신의 생각과 마음을 벗어나 의지가 보이지 않는 글
• 무엇이 강점이고 무슨 주장을 하고 싶은지 알 수 없는 글
• 직장이나 일에 대한 개념조차 모르는 듯한 글
• 취미생활이나 시간 때우기 일을 하고자 하는 듯한 글
• 오랫동안 고민하지 않고 즉흥적으로 쓴 글

위와 같은 문서들은 금방 표가 나고 어딘가 흔적이 보인다. 거짓말이 금방 들통나는 것처럼 본인의 의지가 아닌, 꾸미거나 베낀 글들은 어딘가 나타나기 마련이다.

취업을 하기 위해 독창적이고 강력한 글을 쓰기 위해서는 자신을 피력할 수 있는 특징을 정해 놓고, 다른 사람들의 깊이 있는 글을 많이 읽고 많이 써 보아야 한다.

다음 자기소개서 두 편을 읽어 보고, 어떤 사람을 면접 대상자로 선정하고 싶은지 생각해 보자.

(A씨의 자기소개서)

농사를 짓는 부모님의 인자하신 사랑을 듬뿍 받으며, 시골에서 자랐습니다. 부모로부터 착하고 성실한 삶의 태도를 배웠으며, 그런 성향을 바탕으로 힘든 상황을 극복하면서, 아르바이트를 하면서 대학을 졸업했습니다.

학부에서는 전기공학을 전공하였으나, 심리학에도 관심이 있어, 대학원에서는 심리학 석사학위를 받았습니다. 다양한 학업연구에 몰입하면서 색다른 직업에 종사하고 싶었습니다.

특히, 인간관계능력이 뛰어난 저의 성격은 모난 데가 없고, 늘 새로움에 도전하는 열정이 강해서 대학생활 중에도 동아리 활동과 아르바이트를 통해 리더십을 발휘할 수 있었고, 교우관계에서도 봉사정신과 희생정신을 중요한 모토로 삼았습니다.

제가 귀사에 입사를 한다면 어떤 일이든지 최선을 다할 것이며, 주어지는 일을 마다하지 않으며 배움의 기회로 삼겠습니다. 선임 직원이나 선배, 상사와의 관계에서 항상 먼저 일을 해결하고, 제때에 보고를 함으로써 일이 뒤처지지 않도록 할 것입니다.

(B씨의 자기소개서)

1. 입사지원 동기

• 공대 전기공학과를 나왔고, 대학원에서 심리학을 공부한바, ○○사의 기술개발과 연구에 몰입할 수 있으며,

• 재학 중 '카이스트진학' 연구 모임 활동을 하면서 카이스트를 진학하고자 했으나 성적이 부진하여 실패했지만, 대학 재학 중, 다양한 계층의 사람들과 함께 어울리며 수행한 3가지 프로젝트 개발 활동('전기사고 방지를 위한 사회적 시스템 구축' 외)은 효율적인 성과관리 방법을 도모할 수 있다고 믿습니다.

2. 개인적 자질과 특성

• 철학 역사에 관한 독서(러셀의 '서양철학사', 토마스 모어의 '유토피아' 등 200권)

• 사회발전을 위한 신문 칼럼 기고(칼럼 3편; 자료 별첨)

• 베토벤, 쇼팽, 모차르트 등 클래식에 심취

• 고향에 계신 부모님 - 매월 1~2회 찾아뵙고 인사드림

  ~ 중략 ~

2 이력서의 가치는 얼마일까?

> 자기소개서를 작성하실 때에는 SM 스포츠마케팅의 경영이념과 인재상에 부합하는 경험과 생각을 적어주시면 좋겠습니다. 만약 어떠한 업무를 했던 경험을 이야기할 경우 단순히 "그 업무를 했다."에서 그칠 것이 아니라,
>
> 그 업무를 왜 했으며 누굴 위해 했는지, 자신은 그 업무를 하면서 무엇을 느꼈는지, 그 경험을 SM 스포츠마케팅에서 어떻게 적용할 것인지에 대해 서술하시면 좋을 것 같습니다. 또한 간혹 경력을 부풀리거나 허구로 작성하시는 분들이 있는데 이러한 부분들은 면접을 통해 대부분 파악할 수 있기 때문에 솔직하게 작성하는 것이 필요합니다.

위 내용은 어느 스포츠마케팅 전문회사의 '채용공고'란에 올라온 글이다. 입사하고자 하는 사람들에게 자기소개서를 쓸 때 주의할 점을 상세히 알려주는 점이 특이했다.

자기소개서나 제안서, 이력서 등의 가치는 미리 환산할 수 없다. 우연히 보낸 제안서가 선택되어 수십억~수백억 원의 프로젝트를 수행하면서 돈을 벌 수 있고, 누군가의 추천을 받아서 전달한 이력서가 15년간 대학에서 강의할 기회를 주기도 한다. '혹시나'하는 의구심을 갖고 보낸 이력서의 85%가 의미 없이 쓰레기통에 버려진다고 해도 나머지 15%의 자기소개서가 자신의 인생과 미래를 결정지을 수 있다.

또한 최고의 가치를 발휘할 수 있는 문서는 하루 아침, 한 번의 연습으로 작성되지 않는다. 수천 수만 번의 슈팅 연습을 통해 농구와 축구에서 프로선수가 되듯이 좋은 직장, 원하는 일터를 찾는 것 역시 엄청난 노력과 연습을 필요로 한다.

200여 통의 이력서를 보내도 응답이 없자 취직을 포기하고 사업을 시작해서 성공한 벤처기업 젊은이들이 얼마나 많은지 생각해 볼 일이다. 그 사업을 생각하고 성공 전략을 짜기 위한 노력 중에 이력서와 자기소개서를 작성하는 연습도 포함되어 있을 것이다. 다니고 싶은 회사의 경영자를 생각하면서, 자신의 이력서를 읽어 줄 관리자의 입장을 헤아리다가 어느 날 문득, 사업을 해 보고, 직접 사람을 채용해 보고 싶다는 욕망이 솟구쳤을 것이다.

✿ 이력서 및 자기소개서를 쓸 때 좋은 방법

- 인사채용 담당자들은 수많은 입사지원자들의 이력서와 자기소개서를 일일이 상세히 읽어 보고 판단할 시간이 충분하지 않다. 그들의 눈과 마음에 매력적으로 보일 만한 내용이 눈에 띄도록 쓴다.
- 자신만이 갖고 있는 기술이나 특정 자질을 명확히 명시할 수 있는 내용을 정리한다.
- 같은 경력이나 경험이라도 독특한 언어와 문장으로 명료하게 작성한다.
- 내용이 많을 경우, 별도의 양식이나 자료로 정리하고 첨부한다.
- 혼자서 작성한 이력서와 자기소개서는 친구나 선배들에게 보여주고 수시로 조언을 듣고 수정 보완한다.
- 오자(誤字)나 탈자(脫字)는 절대 없어야 하며, 형식적으로 문장을 꾸미는 것은 바람직하지 않다.

✐ 재학 중, 주요 경력에 관한 자기소개서 요약 예시

---

❶ A: 재학 중 특별활동 및 업적

- 영어 실력 향상을 위한 학습 모임, 'TIME 반' 3년 운영(회원 20명 내외)
- 편의점 아르바이트 총 13개월(근무 중 업무일지 작성(첨부와 같음)
- TOIEC 점수 875점(2021. 11월 현재, 매년 2회 이상 응시, 점수 향상 도모)
- 자원봉사활동 7회(방학기간 중, 마을 노인회관)

❷ B: 재학 중 특별활동 및 업적

저는 영어 실력을 향상시키기 위해 열심히 공부를 하면서 TIME지 모임에서 리더역할을 했습니다. 방학이나 주말에는 틈이 나는 대로 편의점에서 아르바이트를 하면서 많은 것을 배우고 느꼈습니다. 현재 TOIEC 점수는 875점이며, 수시로 영어공부를 하면서 점수를 높이고자 합니다.

재학 중에도 마을의 노인회관이나 각종 사회단체에서 사회 봉사활동을 많이 하였습니다.

위 A, B 두 사람 중에 어떤 사람을 면접 대상자로 선정하고 싶은지 생각해 보자.

3 도전적인 입사지원서

DD 산업주식회사 인사담당자님 귀하

안녕하십니까? 저는 올해 3월 ○○ 대학교 사회학과를 졸업하는 ○○○입니다.

평소 귀 회사에 관심이 있었고, 지인께서 추천해 주신바, 관심이 있어서 첨부와 같이 이력서와 자기소개서를 보내드립니다.

혹시, 특정 분야에 대한 인원이 필요하거나 저와 같은 직원이 필요할 경우에 연락을 주시면, 근로조건이나 급여 책정에 대한 조건 없이 3개월 이상, ○사에 가서 일할 의사가 있습니다.

특별한 요구사항은 없습니다. 무슨 일이든지 최선을 다한 후에 평가받겠습니다.

2022년   월   일   ○ ○ ○ 올림

첨부: 이력서 및 자기소개서 각 1 부

　　　자격증 사본 2부

　　　총장 추천서 1부. 끝

　　필자가 어느 기업의 인사팀장으로 재직하고 있을 때, 대학생으로부터 받은 '편지(Cover Letter)'이다. 사원 채용 계획도 없었고, 공석도 없었지만, 특이한 이력을 갖추고 회사를 직접 방문하여 입사서류를 제출한 성의가 기특하고 대견했다. 두어 달이 지난 후, 마침 일손이 필요해서 그 학생에게 연락을 하고 임시계약직으로 6개월 근무하게 한 적이 있다. 물론, 적당한 급여를 지급하고, 1년 후 공식적인 사원채용 절차에 따라 채용한 직원의 사례이다.

　　아무리 취업이 힘든 상황이라고 해도 인력이 부족하고 인재가 없다고 힘들어 하는 경영자들이 많이 있다. 최근에는 특히 컴퓨터 공학이나 자동화 기술 또는 전기 전자 화학 분야에 인재가 부족해서 기업들이 어려움이 많다고 한다. 혹여, 전공이 기술 공학 분야가 아니라고 해도 좀 더 노력을 하고 몇몇 자격증을 갖추고 있다면 과감하게 도전해 볼 필요가 있다. 인문 사회 계열이나 경제 경영 분야라고 해도 영업이나 마케팅, 광고 홍보 분야에는 충분히 일할 수 있어야 한다.

수시채용으로 전환되고 있는 현재의 추세로 볼 때 또는 중견 중소기업에게는 뜻하지 않게 좋은 인재의 이력서가 와 준다면 그 또한 고마운 일일 것이다.

대기업이나 중견기업이 아니라고 해도 우선 중소기업이나 지방에 있는 중견기업을 직접 방문하여 입사에 필요한 서류를 제출하는 용기도 필요하다. 좀 더 효과적으로 입사지원을 하고자 한다면, 지원하고자 하는 기업을 찾아서 홈페이지를 살펴보면 기업의 특성과 비전, 경영방침, 경영자의 인사말과 경영 철학, 주요 제품과 거래회사 등이 상세히 나와 있으며, 주소와 전화번호, 메일주소 등을 확인할 수 있다.

망설이거나 눈치 보지 않고, 과감하게 입사지원을 제안할 용기도 있어야 한다. 각 기업도 평소에 우수 인재를 찾고 있으며, 필요한 줄 몰랐는데 지원한 인재를 발견하고 채용할 의사가 생길 수도 있다. 필요한 인재를 발굴하지 못하고 쩔쩔매는 경영자들도 있기 때문이다.

그럴 때 활용하는 것이 '편지(Cover Letter)' 형식의 제안서이며, 외국에서는 자주 활용하는 방법이기도 하다. 워크넷에 구직 등록을 하기도 하지만, 헤드헌팅 회사나 인력 채용 알선을 전문으로 하는 기업을 적극 활용하는 방법도 있다. 그러기 위해 자주 활용하는 방법이 바로 '직접우편 발송 영업(Direct Sales Mailing, or DM)'이다.

강의를 하는 강사로서, 저자의 최근 사례 중에 직접 우편으로 강사를 소개한 경우가 있다. 전국의 공무원교육기관과 각 지방자치단체 연수원 등을 20~30곳 찾아서, 주소와 대표자 성함을 정리하여, 필자의 저서와 편지, 약력을 동봉하여 우편으로 발송했다. 서너 곳에서 잘 받았다는 답신을 받았지만, 생각보다 답신이 적은 듯하여 서운했으나, 그분들도 특별한 강사를 찾고 있다고 생각하며, 분명히 필자의 저서와 약력을 별도 보관하고 있으리라 믿는다. 취업준비생도 이와 같은 방법으로 자기를 홍보하는 노력이 필요하지 않을까 생각된다.

Chapter 06

연습한다고
면접이 쉬울까?

1 변화해 가는 면접 트렌드

A군 서류심사는 통과되었는데, 면접이 고민입니다. 글쎄, 면접을 4단계로 나누어, 네 번이나 본다고 합니다. 너무 심한 거 아닙니까?

B군 그래요? 저도 그런데요. 저는 공기업인데, 이상한 검사도 한다고 하더군요. 요즘은 뭔 면접이 그리 복잡한 겁니까?

C군 맞아요. 입사지원자들을 괴롭히는 듯 합니다. 너무 심한 거 아닌가요? 그렇게 면접을 보고 떨어지면 억울하지 않을까요?

최근 직무수행능력을 중심으로 한 행동중심의 면접 또는 역량면접이 도입되었다. 역량면접에서는 주로 자신의 행동특성을 실제 경험을 통해서 증명하도록 요구받게 된다. 따라서 준비되어 있지 않으면 필기시험 성적이 좋아도 면접에서는 낙방할 수 있다.

좋은 학교, 좋은 평균평점, 높은 토익성적도 면접위원에게는 정보가 주어지지 않는 경우가 대부분이다. 선입견을 배제하기 위한 것이다. 필기성적보다는 면접성적이 실무능력과 밀접한 상관관계를 가지고 있다는 것을 인재를 채용하는 기업에서는 알기 때문이기도 하다. 공든 탑을 마지막 순간에 무너뜨리지 않기 위해서는 면접에 제대로 대비해야 한다.

그런데 안타까운 것은, 커리어 캠프에서 대학졸업반을 대상으로 설문조사를 해보면, 아직도 65% 정도의 학생들이 면접은 필기시험보다 더 쉬운 것이라고 인식하고 있다는 점이다. 그러나 면접도 오랜 기간 준비하고 대비해야 한다.

대체로 면접장에서 처음에 간단한 자기소개를 요구하는 경우가 있다. 이에 대해 철저히 준비하기 바란다. 그리고 면접이 끝날 즈음 마지막으로 하고 싶은 말이 있으면 하도록 시간을 준다. 이 기회를 잘 활용하여 자신이 이 회사를 꾸준히 분석하고 준비해왔으며 맡고 싶은 직무에 적합한 사람으로 준비해온 인재라는 것을 밝혀야 한다. 마무리 대답에서는 특별히 준비해왔다는 것을 확인시킬 자료 등을 보여주는 것도 괜찮다.

🦋 표 6-1_ **면접의도와 질문 알아보기**

가장 흔한 질문	질문의 의도
장점이 뭔가?	
왜 당신을 채용해야 하는가?	• 우리 회사가 찾고 있는 인재상에 얼마나 근접한 인재인가?
당신은 어떤 기여를 할 수 있나?	
당신의 10년 후의 비전은 뭔가?	
어떤 취미를 가졌나?	
어떤 운동을 좋아하나?	
여가시간이 나면 무엇을 하나?	• 어느 정도 활동적인가?
어떤 사람들과 주로 만나는가?	• 어느 정도 원만한 사람인가?
교우관계가 어떤가?	
지원동기가 뭔가?	
그 많은 회사 중에서 왜 우리 회사를 지원했나?	
우리 회사를 어떻게 생각하나?	• 우리 회사를 얼마나 관심 있게 연구하였는가?
우리 회사의 이미지가 밖에서 어떤가?	
당신의 단점은 무엇인가?	
당신의 고칠 점은?	• 자신에 대해 얼마나 솔직한가?
당신이 후회하는 점이 있다면?	

* 출처: 하영목, 면접의 기술, 가산북스, 2006. p.18.

중견·강소 기업에서는 주로 인성면접만 보고 다른 면접은 생략하는 경우가 많으므로 특히 준비를 잘해야 한다.

채용면접이 역량중심의 면접이 되고 있고 그 비중을 높여가고 있으므로 준비하는 사람들도 면접을 프로젝트로 생각하고 노력해야 한다.

이제는 강점이 지배하는 시대가 되었다. 그렇다면 자신의 강점을 부각시키기 위해 '무엇을, 어떻게' 해야 하는가? 자신의 진정한 강점을 알려면 먼저 자기탐색이 잘 되어 있어야 한다. 자신이 어떤 특성을 지니고 있는지는 어떤 인성검사나 성격검사를 통해서 모두 알 수 있는 것이 아니다. 그러한 것도 길잡이는 되겠지만, 적어도 학업과 다양한 경험을 통해서 확인된 특성만이 설득력을 지닌다. 다시 말하면, 현장실습, 자원봉사, 인턴, 아르바이트 등 살아있는 경험을 통해서 자신을 발견하고, 자신의 잠재능력을 개발해야 한다.

자신의 특성을 알았다고 끝난 것은 아니다. 많은 특성 중에서 어느 것을 내세울 것인지, 자신의 특성이 오히려 숨기고 싶은 것이라면 어느 정도까지 드러낼 것인지도 고민거리다. 여기서 우리가 알아야 할 것은 모든 것은 상대적이라는 것이다. 지원하는 조직이 어떤 특성을 지녔고, 어떤 업종이며, 어떤 직무를 지원하는지에 따라 달라진다. 지원하는 회사와 희망직무를 철저히 조사해야 하는 이유가 여기에 있다.

어느 조직이든 바람직한 '인재상'을 가지고 있다. 대개는 좋은 말들을 모두 모아 놓은 것 같다. 창의적이고, 책임감 있고, 진취적이고, 팀워크를 잘하는 사람을 찾는다. 그 조직이 요구하는 바를 알았다면 그중에서 자신이 가지고 있는 것은 어느 것인지 분명해진다. 그것이 바로 자신만의 USP(Unique Selling Pont: 고유한 장점, 자랑거리, 강점 능력)가 된다. 무조건 성실하다고만 하지 말자. 우리나라 사람들의 80% 정도가 그렇게 주장한다. 그러면 당연히 USP의 구성요소인 독특함(Uniqueness)이 없어진다.

2 행동중심의 역량면접은 무엇인가?

최근 들어 확산되고 있는 역량면접에 대해 살펴보기로 한다. 이는 역량면접, 행동주의면접, 행동묘사면접이라고도 부르는데, 과거의 행동을 중심(Behavior-Based)으로 평가한다는 점이 미래의 가상 상황에 대한 의견을 중심(Opinion-Based)으로 평가하던 기존 면접과 다르다.

주로 인지적인 영역(Knowledge-Based)의 시사상식이나 단편적 정보를 주로 평가하던 구술시험(Oral Test) 형태의 기존 면접이나, 사람 됨됨이를 알아보려는 인성중심의(Character-Based)의 전통적인 면접법과도 다르다.

이는 과거의 성과가 장래의 성과에 대한 최고의 예측지표라는 측면에서 지지받고 있으며, 행동중심 질문에서 면접관은 만일 지원자가 합격하여 현업에 배치되면 그 직무를 바로 수행할 수 있는 유사한 경험이 있는지를 묻고, 그 경험을 통해서 회사에서 요구하는 역량을 보유하고 있는지 여부를 검증하고자 한다.

또 현업 상황을 구체적으로 제시하고, 그 상황에서 어떻게 행동할지를 설명하도록 요청하기도 한다.

면접관은 이력서와 자기소개서 등 지원서에 언급된 기술을 명확하게 검증하려고 한다. 그래서 말보다는 행동을 중심으로 평가하려는 것이다. 이런 행동중심 면접질문에 대비하는 한 가지 방법은, 자신과 그리고 회사가 특정 업무수행에 필수불가결하다고 느끼는 모든 '행동'에 대한 질문에 대비하는 것이다. 지원자의 과거로부터 주요 행동에 대한 구체적인 예를 찾고 이를 서류(지원서, 이력서, 자기소개서 등)와 구두로 정리하여 이야기해 줄 수 있어야 한다.

면접관은 지원자로부터 회사의 업무적인 상황에서 필요하거나 필요할 것으로 예상되는 행동의 예를 지원자의 과거 행동 속에서 찾으려고 노력한다. 직무 상황과 유사하거나 동일한 상황의 과거 행동이 장래의 성과를 알려줄 단서가 된다. 단 한 가지 단서로 추측하는 것이 아니고 반복적인 단서를 발견하였을 때, 이를 행동패턴이라 부르며, 이것을 평가의 척도로 한다.

그렇다면 지원자는 자신의 적합성을 알아보기 위해 지원한 직무에서 요구되는 필수 행동을 최대한 세부적으로 나열해 보고, 다음으로 지원 회사에서 이들 행동들이 가진 상대적인 중요성을 고려하여, 전체 우선순위를 매겨보기 바란다.

각 행동의 다음 단계로 자신의 직무 경험에서 그러한 행동을 필요로 했던 상황을 구체적으로 밝혀보기 바란다. 그러면 이 과정을 통해 자신의 '약한 점'을 도출할 수 있고, 사전에 자신의 역량과 약점이 '적합성'에 어떻게 영향을 미칠지 예측할 수 있다.

단순한 과제(예 워드작업 속도가 빠르다 등)에 관련된 행동보다는, 권한을 위임받은 것, 기획과 발표, 우선순위 관리 및 시간관리, 문제해결, 고객불편 해소 같은 중요한 행동을 포함하여 검토해야 한다.

직무가 요구하는 행동을 알았으면 자신의 과거행동에서 그러한 예를 찾아서 그 경험을 맛깔스런 스토리로 전할 준비를 하는 것이다.

최근에는 직무중심의 스킬, 지식, 능력, 태도 등을 묻는 방식을 보다 더 확장하여 그 일을 잘하는 사람의 행동의 보유 및 그 수준을 묻는 역량면접이 시행되고 있다. 역량면접방법은 대부분 면접장면에서의 직무기대와 실제 직무수행 시 직면하는 현실 사이의 괴리가 이후에 직무만족을 저하시키고 이직의 주요 원인이 되는 것과 관련하여 '실제적 직무면접(realistic job interview)'과 병용된다. 실제적 직무면접은 지원자에게 직무의 주요 내용과 장단점에 대해서 충분히 설명하고 이해하게 하여 지원자가 해당 직무에 대해서 사전에 가지고 있는 기대와 현실의 괴리를 감소시키는 형태로 진행된다(Wood and Payne, 1998).

3 역량면접 대응전략은 이렇게

입사지원자의 역량을 파악해 볼 수 있는 대표적인 질문형태로 행동기술질문(Behavior Description Question)과 행동의도질문(Question About Intentions)이 활용된다. 역량면접 질문유형은 다음과 같은 세 가지로 설명할 수 있다.

1 의견과 생각을 묻는 질문 사례

직무와 관련된 주제에 대해 의견 또는 태도를 묻는다.

 1 지원자께서는 다른 동료들과 잘 지내는 가장 좋은 방법이 무엇이라고 생각하십니까?

2 여러 일들을 일목요연하게 정리하는 가장 좋은 방법은 무엇이라고 생각하십니까?

2 자격 및 지식을 묻는 질문 사례

다양한 분야에서의 과거경험 정도, 교육 이수, 자격증 등은 직무수행에 필요한 기술적 지식과 밀접한 관련성을 가지므로 확인하고자 한다.

> **예시** 1. **자격** 화학공학에 관련된 어떤 과목들을 들었는가?
> 2. **경험** 어떤 교육과정을 이수하였습니까?
> 3. **지식** 출하 장비를 잘 다루기 위해 취해야 할 단계는 무엇입니까?
> 동력제어장치를 작동하는 데 가장 중요한 안전수칙은 무엇입니까?

3 행동적·상황적 문항

"~했을 때, 어떻게 하셨습니까?"와 같이 과거 어떤 상황하에서의 경험을 묻는 행동적 질문이 미래 업무수행의 예측치로서 보다 타당하다. 하지만, 역량모델링이 실제적이지 않은 분야에 대해서는 어떤 상황에 대한 가상적 응답을 요구하는 "만약~라면, 어떻게 하시겠습니까?"와 같은 형태의 당위성·의도에 대해서 질문하는 상황적 질문도 활용된다.

> **예시** 1. **행동적 질문** 지원자와 지원자의 동료가 함께 어떤 과제를 부여받았다. 지원자의 동료가 갑자기 사고를 당하여, 자신의 할당량을 달성하지 못했다. 지원자는 이러한 상황에 처한 적이 있습니까? 그 당시 어떻게 행동했습니까?(경험한 경우에 해당)
> 2. **상황적 질문** 지원자와 지원자의 동료가 함께 어떤 과제를 부여받았다고 하자, 지원자의 동료가 갑자기 사고를 당하여, 자신의 할당량을 못하게 된다. 지원자는 이러한 상황에서 어떻게 행동하시겠습니까?(경험하지 않은 상황의 설정)

위와 같은 질문에 대한 답변내용에 따라 상황적·행동적 면접질문을 보충할 심층질문(Probe Question)이 따른다. 질문사례를 들어보기로 한다.

> **예시** "대부분의 사람들은 동료들과 심각한 논쟁을 하곤 합니다. 지원자가 동료와 심하게 다투었던 논쟁에 대해서 말씀해주시죠"와

위와 같은 질문에 대한 답변을 들은 후 면접관은 보다 더 정확한 정보를 얻기 위해 다음과 같은 심층질문을 추가할 수 있다.

예시
- 그런 일이 언제 있었습니까?
- 왜 그런 논쟁이 생기게 되었습니까?
- 그러한 논쟁을 해결하기 위해서 당신은 어떤 노력을 했습니까?
- 당신의 동료는 그러한 당신의 노력에 어떻게 반응했습니까?
- 그 논쟁의 결과는 어떠했습니까? 해결이 됐나요?

심층질문은 그 당시의 상황을 캐묻고, 그것이 왜 난관이었는지, 그것을 극복하기 위해서 어떤 대안들을 생각했는지, 그 대안을 왜 선택했는지, 그 결과는 어떠했는지 등을 육하원칙에 따라 논리적으로 검증해 간다.

한편, 이러한 유형의 질문법을 STAR(Situation, Task, Action, Result) 질문법이라고 한다. 질문사례를 보기로 한다. 이 중에서 상황과 과제는 한꺼번에 질문하기도 한다.

예시
- S(상황): 그 당시 상황을 구체적으로 이야기해 주십시오.
- T(과제. 문제): 무엇이 난관이었습니까? 왜 힘들었습니까?
- A(행동): 어떻게 극복했습니까? 다른 대안들은 없었습니까? 왜 그 안을 선택했습니까? 어떤 조언을 구했습니까?
- R(결과): 그 결과는 어땠습니까? 만족하십니까? 만약에 다시 그런 상황에 닥친다면 어떻게 하시겠습니까?

 바람직한 대답 예

"저는 대학 4년 동안 제 손으로 등록금을 마련해야 했습니다. 그래서 아이들을 많이 가르쳤습니다. 그러다 보니, 시험기간이 되면 동료 학생들보다 공부할 시간이 적어서, 학점이 잘 안 나오는 것이었습니다. 단거리 경주에서 뒤지고 있는 듯한 느낌을 받았고 그것이 갈등의 원인이 되었습니다. 왜냐하면 저는 승부근성이 강해서 남에게 뒤지고는 못 견디는 편이기 때문입니다. 저는 그래서 '인생은 마라톤이다.'는 자세로 생각을 바꾸었고, 시험공부 대신 평소에 공부를 하는 습관이 들었습니다. 그렇게 길러진 평소 실력이 오늘 저를 이 자리에 서게 한 것으로 믿고 있습니다."

위의 답변에서는 자신의 성숙함과 지혜로 좋지 않은 학점까지 타당성 있는 예를 들어서 설명하였다. 정공법을 썼다. 자신의 많은 경험 중에서 상황에 맞는 정보를 골라서 이치에 맞게 이야기로 엮어가는(Storytelling) 언어표현능력과 순발력도 능력이다. 따라서 자신의 평소 경험을 여러 가지로 스토리텔링을 해두기 바란다.

위와 같이 STAR 응답법이나 또는 BAEAS법으로 말하는 연습을 충분히 해야 한다. BAEAS법은 다음과 같은 항목을 응용해서 작성해 본다.

 · 상황설정(Background): 시간 + 공간
· 등장인물(Actor): 나 + 다른 사람
· 사건사고(Event, Accident): 나와 다른 사람 관계에서 발생된 문제점
· 행동(Action): 내가 주도적으로 한 역할
· 교훈(Study): 문제해결로부터 얻은 교훈, 입사 후 직무활용 방안

* 사례제공: 최일수 한국기술교육대학교 취업클리닉센터장

TIP 답변에 구체성과 진정성, 차별성, 흥미가 엿보이는 사례

1. 구체성이 있는 스토리

예시 1 자신의 강점은 무엇입니까?

· 잘못된 답변: "저는 사람들과 금방 친해지는 친근감을 갖고 있습니다. 그래서 ……."

다음의 수정 답변은 위의 미진한 답변을 구체화한 사례이다.

· 수정답변: "저는 매력적인 DNA를 갖고 있습니다. 그 매력 DNA가 바로 친근감입니다. 저는 주위 사람들로부터 '예전에 알고 지냈던 사람 같다.'는 말을 자주 듣습니다. 작년 여름방학 때 독거노인도우미로 ○○요양원에서 봉사활동을 했습니다. 처음에는 낯설어 하시던 할머니들께서도 하루 이틀 지난 후에는 친손녀처럼 다가와 먼저 말을 건네시며 '우리 손녀 딸, 또 왔네, 은정이에게 왜 이리 정이 가지? 이렇게 말씀하시곤 했습니다. 항상 밝은 미소로 만나는 사람을 대하기 때문에 친근감 있게 저를 대하시는 것 같았습니다."

※ 머릿속에 할머니들이 행복해 하는 모습으로 미소지으며 함께 대화를 나누는 것이 떠오른다. 이것이 스토리텔링이다.

예시 2

저는 한 번 물면 놓지 않는 악어 근성을 갖고 있습니다. 초등학교 때에도 아버지께서는 그 어떤 것도 제게 쉽게 주지 않으셨습니다. '원하는 것을 얻으려면 노력하고 그 성과를 보여라.'라고 말씀하시기에 저는 항상 목표를 설정하고 집요하게 목표를 달성했습니다. 그 결과 'AFPK전국6등', 'CFP전국8등'이라는 결과를 얻을 수 있었습니다. 먹이를 보고 힘껏 달려드는 악어근성을 ○○회사에 입사하여 맘껏 발휘하고 싶습니다.

※ 이 사례는 열심히 악어처럼 뛰어들어 공부하는 구직자의 모습이 눈에 생생하게 그려진다. 또 열심히 했다는 것을 악어에 비유했기에 훨씬 더 구체적으로 머릿속에 이미지의 잔상으로 남는다.

2. 차별성이 있는 스토리

예시 1 졸업 후 1년 동안 실업상태에 있었는데 그동안 뭐했는가?

• 네! 많이 먹었습니다. 어머니 눈칫밥을요! 1년이라는 시간은 부족한 저를 채워주는 소중한 터닝포인트가 되었습니다. 전 그 기간을 제 전공인 기계설계와 가공실무에서 부족한 실무를 익히는 데 투자했습니다. 학원에서 CAD와 CAM 과제를 실제 기업에서 내준 과제로 연습했고, 부족한 영어회화를 하는 데 투자했습니다. 또한 자기개발에도 노력했습니다. 저는 제게 제일 먼저 손을 내밀어준 OO회사의 고마움을 절대 놓치지 않겠습니다. 저 OOO를 기억해 주십시오.(그해 한 명 뽑는 신입사원으로 당당히 합격했다고 한다. 솔직하고 진심을 담은 이야기가 최선이다)

예시 2 살아가면서 가장 기억나는 일이 무엇인가?

• 답변: 2010년 여름방학 때 산티아고의 성지순례를 다녀온 적이 있습니다. 특별한 종교가 있는 것은 아니지만, 제 자신의 극한 한계를 체험하기 위해 선택했습니다. 산티아고의 성지순례는 더위와 목마름, 그리고 외로움과 싸워야 했습니다. 저는 그 여행을 통해 제 자신과 말하는 방법을 배웠습니다. 어려움이 있어도 스스로 극복할 수 있는 자신감을 얻었습니다.

※ 이와 같이 자기의 경험을 자신있게 말한다.

3. 흥미를 배가하는 스토리

예시 1 잘못된 사례 "안녕하십니까? 저는 OO과를 전공했으며 열심히 일할 준비가 되어 있습니다. 저를 뽑아주십시오, 열심히 하겠습니다."

예시 2 잘된 사례 "공장은 휴일에 쉬지만 인생이라는 공장에는 휴일이 없습니다." 안녕하십니까? 머리끝부터 발끝까지 열정의 에너지로 가득 찬 25번 지원자 OOO 인사드립니다. 세상에는 두 종류의 사람이 있다고 합니다. 길을 물어보기 편한 사람과 그렇지 않은 사람이 있다고 합니다. 저 OOO에게는 사람들이 길을 지나갈 때 자주 길을 물어보곤 합니다. 그만큼 제가 편안한 인상을 갖고 있기 때문이라고 생각합니다.

면접관님! 제 얼굴을 한 번 봐 주십시오(환한 미소 짓기). 이런 밝은 미소로 고객님의 마음에 사랑이라는 에너지를 듬뿍 충전해 드리겠습니다.

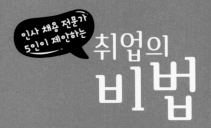

Chapter 07

당신의 능력을
보여주세요

1 저는 이렇게 준비했어요!

면접관　학생은 동아리활동을 많이 하고, 봉사활동을 많이 했다고 썼는데, 그런 활동을 하면서 구체적으로 배운 것과 직장에서 활용할 직무의 적용능력이 무슨 관계가 있는지 설명해 보십시오.

지원자A　네. 제가 활동적이긴 하지만, 내성적인 면도 있습니다. 여러 가지 봉사활동을 하면서 가장 힘든 게 인간관계였습니다만, 많이 참고 인내하면서 여러 사람들과 어울리는 법을 배웠습니다. 또한 동아리를 만들고 운영하면서 리더란 어떤 능력을 갖추어야 하는지 알 수 있었습니다. 00사에 입사해서 일을 한다면, 저의 전공이나 직무에 관계없이, 무슨 일이든 최선을 다할 것입니다.

지원자B　저는 다양한 아르바이트와 봉사활동을 하면서 크게 3가지를 배웠고, 그 역량들은 직무수행에서 반드시 좋은 결과를 성취하리라 믿습니다. 첫째, 인간관계의 중요성인바, 생각이 다른 사람들을 이해하고 함께 어울리는 법, 둘째, 어려운 일은 먼저 나서서 해결하려고 하고, 힘든 일을 마다하지 않는 용기, 셋째, 무슨 일에서든지 돈보다는 배울 점을 찾으며 가치가 있다는 걸 깨달았습니다. 저에게 주어지는 직무, 무엇이든지 배운다는 마음으로 임하겠습니다.

　위 사례에서 지원자 A는 면접관의 질문요지와는 어울리지 않는 대답으로, 지원하고자 하는 직무와의 구체적 연관성이 결여된 자기만의 생각을 설명했다.

　반면 지원자 B의 경우처럼 설명했다면 면접 결과가 어땠을지 생각해 보자.

　직무수행능력은 일이 성공적으로 이루어지도록 실질적으로 발휘되는 능력으로서 국가직무능력표준에서는 산업현장에서 일을 수행하는 데 요구되는 지식, 기술, 태도로 정의하고 있다. 12장에서 상세히 설명하고 있지만 NCS(National Competency Standards) 국가직무능력표준에서는 직무별 지식, 기술, 태도와 함께 대인관계능력, 의사소통능력, 문제해결능력, 기술능력, 정보능력 등을 포함한 10가지의 직업기초역량을 제시하고 있다. 또한 각각의 기초역량은 다양한 하위역량으로 구성되어 있음을 알 수 있는데 이와 같은 다양한 자질과 역량들은 책으로만 배워지지 않으며, 강의를 들어서 익숙해지지 않는다. 일을 하는 능력 또는 업무를 처리하는 역량은 실무적인 경험을 바탕으로 마음과 손발에 익숙해져야 하고, 구체적인 업무처리능력은 실

수와 오류를 겪으면서 세련된 성과를 가져올 수 있게 된다. 학생으로 경험할 수 있는 실무 중에 어떤 능력을 개발할 수 있는지, 구체적인 사례를 들어 본다.

- **기업체 인턴 근무**　회사 업무의 유기적인 관계 파악, 조직구성원들의 특징 이해, 이론과 실제의 차이 경험 등
- **편의점 아르바이트**　고객의 행동 유형 파악, 서비스의 본질 이해와 서비스 자세의 중요성 파악, 잘 팔리는 상품의 특징과 공통점 이해 등
- **봉사활동**　의외로 착한 사람들이 많다는 점에 대해 감사한 마음, 앞서서 봉사하는 자세 습관화, 희생과 봉사의 사회적 영향력 실감 등
- **공모전 참가**　자신의 전문분야 또는 관심분야에 대한 중요성과 영향력 파악, 향후 자신의 장점이나 특기 개발에 참고, 아이디어와 도전의식의 가치 발견 등
- **동아리 활동**　리더의 중요성 이해, 다양한 사람들의 희생정신과 봉사 활동의 중요성 파악, 자신의 습관 개선 노력, 성실한 사람들의 성과역량 파악 등

위와 같이 다양한 사회활동을 통하여 여러 가지 역량의 필요성과 중요성을 파악하고, 실제 업무처리를 하게 될 경우 갖추어야 할 자세와 습관 등을 이해하게 된다. 실질적인 업무 경험이 없거나 구체적인 사실을 겪어 보지 않은 사람은 역량을 묻는 질문에 쉽게 대답하기가 어렵다. 또한 기업에서는 이론적으로 잘 아는 사람보다, 당장 문제를 해결하고 성과를 낼 수 있는 사람이 필요한 것이므로, 학자(學者)를 찾는 게 아니라 실무형 인재를 찾고 있다. 따라서 가능하다면 어떤 유형이나 방법을 통해서라도 실무적인 경험을 쌓을 필요가 있다.

단순한 일을 해 보기 위한 것이 아니라, 이왕 같은 시간을 쓰는 것이라면, 어떤 일을 하더라도, 매사에 관심을 갖고, 세심한 주의를 기울이며, 수시로 메모를 하면서 보고 느낀 점들을 기록한다면 훗날 큰 정보와 자료의 가치를 발휘하게 될 것이다. 간단한 우체국 심부름 한 가지를 하는 행동에도 정성을 쏟고, 잠깐 지나가는 고객으로부터도 서비스 정신을 발휘할 수 있다. 불만이 많은 고객과 상담을 하면서 문제를 개선할 수 있는 기회를 얻고 길을 묻는 외국인과의 짧은 대화에서 외국어의 중요성을 깨닫기도 한다.

같은 경험을 하면서도 배우고 느끼는 게 사람마다 다르다. 건축학자였고, 토목공학자이며, 인체해부학자였고, 식물학자였던 요리사 레오나르도 다 빈치는 화가였지만, 그의 메모장은 7천 페이지가 넘는다고 했다. 다빈치가 제안하는 '인간이 갖추어야 할 7가지 지성(7-Intelligence)'은 다음과 같다.

1 지식에 대한 끊임없는 욕구와 호기심
2 자신의 경험을 통해 배우는 증명능력
3 날카로운 관찰과 상황을 감지하는 섬세함
4 다름과 변화를 수용하는 포용력
5 과학과 예술의 조화와 균형
6 건강한 육체와 건전한 정신의 유지관리
7 다양한 분야의 아이디어를 엮는 연결능력

이와 같이, 입사지원자나 취업을 준비하는 사람들은 530여 년 전의 천재 화가가 제시한 인간의 다양한 역량을 골고루 갖추었음을 인지할 필요가 있다.

2 '나'를 팝니다.

- 15년간 각 기관에 봉사활동을 한 내역
- 학교와 기관단체 등에서 받은 상장, 감사패, 표창장 사본
- 7가지 자격증 및 각종 교육 수료증 사본
- 대학 졸업증명서 및 성적증명서 사본
- 몇몇 기관장의 추천서
- 이력서 및 약력, 자기소개서 각 2부

위 목록은 저자의 지인이 대학에 교수로 임용되기 위해 면접위원들에게 제출한 서류명세서이다. 이보다 몇 가지가 더 있다고 했으나, 가히 어느 정도로 철저하게 준비를 했는지 알 듯하다. 중요한 점은 면접을 보러 갈 때도 위 서류를 준비해서 갖고 갔다고 한다. 입사지원을 할 때 메일로 보내서 제출을 했으니 더 이상 무슨 필요가 있겠는가 생각할 수 있으나, 면접 당일에도 필요한 서류를 준비하는 것은 손해 볼 일이 없다. 가능하다면 원본을 준비하거나, 면접 이전 며칠간의 신문을 철저히 읽고 시사문제나 사회 동향에 대해서도 파악을 하고 면접장소에 들어가는 것이 바람직할 것이다.

기업이나 공공단체에서 인재를 채용하기 위해 면접위원을 구성하는데, 대부분 최고경영자, 즉 사장이나 회장은 최종 결재권자이므로 면접장에는 참석을 하지 않는 경우가 많다. 또한 면접위원은 직책별로 다양하게 구성을 하는바, 예를 들면 과장급 1차 면접, 부장 이사급 2차 면접, 최종면접은 상무, 전무 및 부사장 등으로 구성되기도 한다. 이들은 적어도 기업이나 해당 단체에서 십 수년간의 실무 경험과 탁월한 사업실적을 올린 인재그룹이라고 할 수 있다. 따라서 그들이 사람을 보는 눈이나 견해 또한 간단치 않은 것은 자명하다. 다만, 어떤 사람도 인재를 판단하고 선별하는 과정에는 오류가 없을 수 없으므로, 입사지원자는 그들이 잘못 판단하지 않도록 자신을 정확히 나타내야 하고, 면접위원이라면 그 조직의 미래를 책임질 인재를 선발하는 사명감을 갖고 제대로 선발해야 한다. 면접위원은 하루 종일 면접을 보다 보면 지치게 되고 힘이 들기도 한다. 그러나 지원자는 끝까지 긴장을 늦추지 말고 흐트러짐 없는 정신상태를 유지해야 한다.

열심히 공부한 실력을 바탕으로 서류심사에 합격한 후에도, 막상 면접시험을 보러 갈 때는 괜히 불안해지고 어딘가 부족한 듯한 느낌이 든다. 오랫동안 쌓아온 역량과 자질을 정확히 알려, 올바르게 평가받는 것은 입사지원자나 기업의 입장에서도 마찬가지로 필요한 일이다. 면접을 보러 갈 때는 다양한 질문에 답해야 할 부담으로 대답하는 연습도 하고. 옷 매무새를 가다듬고, 필요한 공부도 별도로 하지만, 막상 면접장소에 들어서면 그간 준비한 것들을 모두 잊은 채 떨게 된다.

면접을 잘 보기 위해, 질문 내용을 파악하고, 응답 연습도 하고, 여러 가지 자료를 살펴 보면서 준비를 하지만, 무엇보다도 면접의 목적과 취지, 면접위원들의 입장이나 기업의 요구 등에 대한 이해를 해야 한다. 최근 각 기업의 인재선발 과정, 면접방식의 다양한 변화, 면접에서 얻고자 하는 기업의 요구사항 등을 충분히 이해하여야 한다. 따라서, 효과적인 면접을 위해 기업에서 면접을 통해 어떤 점을 파악하고자 하는지, 성적표나 입사지원서를 제출했는데 또 무엇을 파악하려고 여러 가지 면접방식을 선택하는지 정확히 알아 보아야 한다.

면접위원들도 성적표나 이력서를 통해 파악하지 못하는 게 있다. 개인의 사고력, 가치관, 업무수행에 대한 자세 등은 학창시절의 성적이나 동아리 활동 내용, 자기소개서에 서술한 글을 통해서는 알 수 없다. 입사지원자의 적극성, 행동이나 마음에 담긴 정성과 열정 등은 어떻게 파악할 수 있을까? 기업체 면접위원이 알려고 하는 내용이 무엇인지 사전에 파악해야 한다.

과거에는 신입사원을 면접보면서 임원들이 주로 질문하고 답을 들었지만, 최근에는 젊은이들도 면접위원으로 참여하여 나이 든 분들의 편견이나 오류를 방지하고, 여러 가지 방법을 활용하여 역량을 파악하고자 한다. 아울러 인성과 적성을 파악하고, 특기를 발견하기 위해 인턴제를 활용하여, 일정기간 함께 일을 하면서 구체적인 능력도 알고자 한다.

 면접에서 주의해야 할 점

- 지각을 하거나 사전 예고 없이 불참하지 않는다.
- 면접위원의 질문에 틀렸다고 반문하지 않는다. 일부러 틀린 질문을 하기도 한다.
- 질문에 대한 내용이 중요하지 않다. 이상한 질문에 대해서도 답하는 방식과 대응하는 자세도 평가의 대상이다.
- 부자연스럽게 방어하려고 하거나, 모르는 것을 억지로 아는 체하지 않는다. 대답하는 모습에서 모른다는 것은 이미 파악이 된다.

- 자신이 원하는 일에 대해 정확히 파악하고, 그 일에 대한 의지를 명확히 한다.
- 솔직하게 응답하고 기본을 지킨다.
- 복장과 예절, 비즈니스 매너는 직업을 얻고자 하는 사람에게 필수적인 요건이다. 튀고 싶다고 가볍게 행동하지 않는다.

면접에서의 의사소통

면접관 A 아까, 두 번째 지원자는 인상이 좀 일그러져 있더군요. 무슨 걱정이 많은지…

면접관 B 그래요? 맞아요. 저도 그렇게 봤습니다. 그런데 네 번째 여학생은 복장이 좀 마음에 들지 않았습니다. 아무리 자유로운 신세대라고 하지만, 우리 회사문화엔 좀…

면접관 C 그런데 말입니다. 끝에서 두 번째, 그 젊은이는 참, 패기가 넘치더군요. 대답도 시원시원하게 잘 하고 말입니다.

면접관 D 맞아요. 저도 그리 생각했습니다. 어떻게 면접관에게 질문까지 하는지. 당돌하지만, 틀린 말은 아니더군요.

면접이 끝나고 나면 면접위원들끼리 회의를 하고, 토론을 하면서, 입사지원자에 대한 평가를 하고, 총평을 한다. 최종적으로 선발해서 다음 면접에 응시할 사람을 선별하거나 입사 가능 여부를 결정해야 한다. 이럴 때 나오는 이야기는 면접에 참석한 사람들 개개인에 대한 의견도 있고, 각자 자신이 평가하면서 느낀 점을 이야기한다.

면접위원 어느 누구에게도 인상적이지 않은 사람은 무난하지만 선택되지 않을 가능성이 있다. 관심에서 멀었다는 이야기다. 그러나 눈에 띄는 사람에 대해서는 오랫동안 기억에 남기도 한다. 어려운 질문에 명확한 답변을 했다거나, 자기만의 주장을 정확히 전달하거나, 또는 면접위원에게 질문을 하는 경우도 기억에 남는다.

면접 질문에 응답하기 쉬운 내용이라도 어떤 자세로 어떻게 대답을 하는가가 평가에 영향을 미치기도 한다.

면접을 잘 보기 위한 팁

- 면접위원과의 의사소통에 있어 상호 간의 눈과 얼굴을 똑바로 본다. 어려운 질문이라고 해서 눈을 피하거나 얼굴을 외면하지 않는다.

- 옆에 있는 경쟁자(입사지원자)의 답변에 수긍이 가거나 동의를 하면, 고개를 끄덕이고 공감한 다는 적극적인 반응을 보인다.

- 면접위원의 질문이나 설명에 대해 여유 있게 웃으며, 자신 있는 표정으로 바라본다.

- 질문에 응답을 할 때는 구체적으로, 그러나 간략하게 답변한다. 무슨 말인지 알아듣지 못하 는 말로 장황하게 설명한다는 것은 자신감이 없고, 잘 모른다는 것을 의미한다.

- 자신의 의견과 다른 내용이 나오거나, 면접위원이 엉뚱한 얘기를 해도 함부로 반대하거나 부 정적으로 답변해서는 안 된다. 상황에 대처하는 자세를 보기 위해 일부러 그렇게 말하는 경 우도 있다.

- 질문 사항이나 토론면접 과정에서 자신의 생각과 달라도, 거짓말을 하거나 과대하게 포장하 는 것은 바람직하지 않다. 면접위원은 어떤 거짓말이나 과대포장도 거의 다 파악할 수 있다.

- 질문에 대답을 할 때는, 어깨를 앞으로 당기고, 머리를 앞으로 내밀어, 적극적인 자세와 태도 를 보이는 게 필요하다. 깊은 관심이 있으며 자신감이 있다는 의지를 보이는 것이다.

- 특정 사안을 예로 들면, 청년 실업률, 국가 성장률, 글로벌 경쟁 전략 등과 유사한 같은 질문에 대해서는 구체적인 사례나 수치, 증명 등을 제시하면서 설명하는 게 좋다. 필요할 경우, 당일 아침의 경제신문을 갖고 가서 자료를 참조하면서 설명하는 것도 바람직하다.

- 현재 직업이 없다고 해도, 굳이 '실업자 또는 실직자'라는 표현은 하지 않는 것이 좋다. 취업 준 비를 하고 있다거나 "특별한 자격증 취득공부를 한다."고 말하는 것이 나을 수 있다.

인사 채용 전문가
5인이 제안하는

취업의
비법

03

직무수행능력과
역량 방안

Chapter 08

채용 트렌드도
바뀌었네

1 기업구분 없이 그냥 준비하면 되는 건 줄 알았는데

A군 대기업과 중견기업, 공기업과 중소기업에서 일하는 것이 무슨 차이가 있어요? 일 잘하는 방법만 준비하면 될 것 같은데, 대기업에 맞는 취업을 준비해야 하고, 공기업은 공기업에 맞는 준비를 하라고 하는 데 머리 아픕니다.

B 교수 공기업은 공기업의 채용 관행이 있고. 대기업, 중견기업 그리고 중소기업은 규모와 매출의 차이만 존재하는 것이 아니지요. 기관이나 회사의 설립 목적과 추구하는 바가 다르기 때문에 일의 특성이나 프로세스에 차이가 있어요. 그러므로 지원자들은 지원 기업이나 기관의 주요업무나 프로세스와 걸맞는 지식, 태도, 기술, 경험 등을 준비해 두는 것이 필요하지요.

중소기업과 공기업, 중견기업 이상의 대기업의 채용 프로세스는 큰 차이가 없어 보이지만, 그 내용과 실행에 있어서는 큰 차이가 있다.

1 중소기업 채용의 특징과 고려사항

중소기업은 해야 할 일은 같지만, 조직이나 인원이 적다. 한 예로, 대기업이나 공기업의 인사 관련 부서는 인사팀, 인재육성팀, 노무팀 등 최소 3팀 이상이며 담당자는 50명 수준이다. 그러나 중소기업은 경영관리팀 내의 인사담당자 1명이 인사업무를 수행한다. 인사업무뿐만 아니라 총무업무를 겸해서 수행하는 회사도 많다. 채용업무는 이들에게 있어서 해야 할 일 중의 하나이다.

중소기업의 채용은 대부분 경력위주로 이루어지는 경우가 많다. 직원의 퇴직으로 인해 충원하는 개념이 강하다. 물론 사업이 성장하여 증원 차원으로 채용을 진행하는 경우도 있지만, 처음부터 신입사원을 선발하여 기업 내부에서 육성할 수 있는 조직기반과 인력 체계는 대규모기업에 비해 미흡하다고 할 수 있다.

중소기업의 채용은 크게 4단계로 이루어진다. 첫째, 현업의 인력 충원 요청에 따른 CEO의 승인이다. 직원이 퇴직하거나 일이 많아져 증원이 필요한 경우 CEO에게

보고하여 충원이 이루어진다. 공채는 거의 기대할 수 없고 수시채용으로 대부분 이루어진다. 둘째, SNS에 채용공고이다. 대부분 채용 전문 SNS에 공고를 해 지원자 중에서 CEO와 현업의 검토 후 면접이 이루어진다. 지방에 있는 중소기업일수록 지원자가 없어 애로사항이 있다. 셋째, CEO와 현업 부서장 중심의 면접에서 대부분 모든 것이 결정된다. 경력직원이 대부분이기 때문에 같은 날 면접을 하기 어렵고 1주 정도에 걸쳐 개별 면접을 실시하고 합격을 통보한다. 좋은 인재는 합격을 결정했으나 다른 회사에 합격한 경우도 발생한다. 넷째, 합격하여 처우조건에 대한 협의를 한다. 이 과정에서 입사하지 않거나 수용할 수 없는 상황이 발생하기도 한다.

채용 SNS의 입사지원서를 그대로 사용하고, 면접에서는 CEO가 대부분 질문을 하며 결정을 하게 된다. 중소기업 지원자는 그 기업이 어느 제품을 취급하고, 매출이나 회사 분위기, 일에 대한 전문성, 열정과 성실함 등 그 기업의 현황과 직무를 대하는 태도와 자세에 충실하게 임하는 것이 필요하다.

② 공기업 채용의 특징과 고려사항

공기업 채용은 독자적으로 수행할 수 있는 일도 있지만, 기본적으로는 정부기관의 기준이나 가이드라인을 준수해야만 한다. 채용에 있어서 가장 중시하는 것 중의 하나가 공정한 채용이다. 채용의 공정성을 높이기 위해 블라인드 채용을 실시하고 있다.

「채용절차의 공정화에 관한 법률」 개정안(2019년 7월 개정 시행)에 따르면, 채용과정에

🦋 표 8-1_ **법령별 차별금지 내용**

관계법령(약정)	차별금지항목
채용절차법	성별, 신앙, 연령, 신체조건, 사회적 신분, 출신지역, 학력, 출신학교, 혼인, 임신, 병력
남녀고용평등법	성별, 용모, 키, 체중 등의 신체조건, 결혼 여부 등
연령차별금지법/장애인차별금지법	연령/장애인
국가인권위원회법	성별, 종교, 장애, 나이, 사회적 신분, 출신지역/국가/민족/용모 등 신체, 혼인 여부, 임신 여부 혹은 출산, 가족형태 또는 가족상황, 인종, 피부색, 사상 또는 정치적 의견, 형이 실효된 전과, 성적 지향, 학력, 병력 등

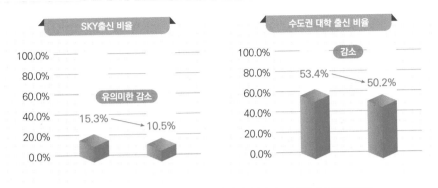

출처: 한국산업인력공단, 편견 없는 채용 블라인드 채용 실태 조사 및 성과분석 보고서 채용 가이드라인(2019)

◎ 그림 8-1_ 주요 대학 및 수도권 대학 출신 비율

서 편견이 개입되어 불합리한 차별을 야기할 수 있는 출신지, 가족관계, 학력, 외모 등 편견 요인을 제외하고 직무능력을 평가하여 채용하는 방식이다.

　2018년 한국산업인력공단의 보고서에 의하면, 2017년 제도가 도입된 후부터 2018년 상반기까지의 블라인드 채용 결과, 'SKY 대 출신 비율이 블라인드 채용 실

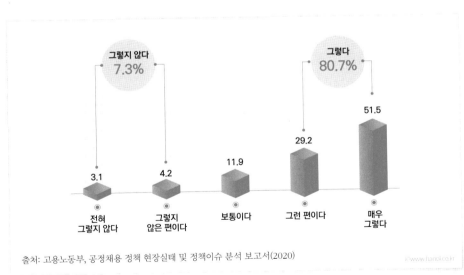

출처: 고용노동부, 공정채용 정책 현장실태 및 정책이슈 분석 보고서(2020)

◎ 그림 8-2_ 블라인드 채용 결과에 대한 만족도

시 이전 15.3%에서 이후 10.5%로 감소했고, 비수도권대 출신 비율이 38.5%에서 43.2%로 5% 가량 증가했다고 한다.

인사담당자의 채용 결과에 대한 만족도와 관련해서는 80.7%가 만족을 표현했고, 그렇지 않다는 응답은 7.3%에 불과했다.

블라인드 채용은 채용현장에 큰 변화를 주고 있다. 학력 중시의 채용 관행에서 직무중심으로 채용의 전환을 가져오는 계기가 되었다. 저자가 면접관으로 참여한 공기업의 경우, 지원자의 사진은 물론이고 이름도 없었다. 번호표가 부착되어 있어 1번 지원자, 2번 지원자로 호칭하게끔 되었다. 따라서 지방대학의 비인기학과 출신으로 나이가 다소 많다 할지라도, 지원 직무에 대한 지식과 경험, 스킬과 자격증을 취득하고 있으면 유리할 수도 있다. 입사지원서도 종래의 지원동기, 성격의 장단점, 성장 과정, 향후 포부가 아닌 지원하는 직무중심의 질문이 많아졌다. 인성은 공직가치를 중심으로 회사의 특성을 감안하여 경험했던 일을 중심으로 기술하도록 되어 있다. 면접은 크게 2가지를 살핀다. 실무자 중심의 직무 전문성에 대해 PT면접 또는 직무 관련한 개별 질의응답으로 실시된다. 현업 직무 담당자가 직접 면접관이 되어 지원자가 실제 보유하고 있는 지식 수준과 정도를 질문하고 판단한다. 개별 면접은 인성을 위주로 살피는데, 공기업의 경우 블라인드 면접으로 외부 면접관을 초빙하여 내부 면접관과 함께 실시한다. 대부분의 공기업 면접은 몇 가지 특징이 있다. 첫째, 지원자의 지원서를 PC에서 볼 수 있는데 30분 전에 설명과 함께 공개한다. 지원서에는 지원한 직무 관련 정보만 있을 뿐 인적사항 등 신상에 관한 정보는 거의 없다.

둘째, 30분 전에 만난 면접관이 개략적인 진행 방법이나 질문에 대해 논의를 하지만, 회사가 제공해 준 면접 질문에 따라 질문하게 된다. 대부분 인성관련 질문이 1~2개이고, 직무중심의 질문을 더 많이 하는 편이다. 셋째, 채용담당 부서에서 구조화된 면접 질문을 준비해 주면 가급적 그대로 질문하는 편이다. 넷째, 다양한 지원자를 면접하였는데, 결국 사람을 보는 눈은 비슷했다. 면접이 끝나고 면접관들의 조율 시간이 있다. 대부분 회사에 대한 지식의 많고 적음보다는 짧은 시간 면접이기 때문에 밝은 모습에 조금은 침착하면서도 자신감이 있는 지원자를 선호한다. 다섯째, 공기업을 선호하는 이유 중 하나가 안정성이다. 외부 영입보다는 내부에서 성장한 직원들이 면접관으로 참석하는 경우가 많다. 이들은 독특함보다는 장기간 근무할 때 내부 구성원과 화합하며 협업을 할 수 있는 인재인가를 더 많이 살피는 경향이 있다.

③ 대기업 채용의 특징과 고려사항

최근 대기업의 채용 트렌드는 크게 5가지로 살필 수 있다. ① 공채에서 탈피하여 수시채용으로의 전환이다. 현업의 충원 니즈에 긴밀하게 대응하고, 발 빠르게 채용하자는 경향이다. 5대 그룹 중 유일하게 삼성이 공채를 유지하고 있는 상황이다. ② 직무중심

의 구조화 면접이다. 충원 포지션의 직무별 채용이 아닌 많은 지원자를 대상으로 하는 직군 또는 회사 중심의 대량 채용 시대는 지나갔다. 직무명세서를 기준으로 그 직무를 원하며 어느 정도 직무역량을 갖춘 직원을 선발하기 위해 입사지원서와 면접을 직무중심으로 구조화하여 실시하고 있다. ③ 조직적응력보다는 전문성 중심의 채용이다. 인성을 바탕으로 조직에 조기 적응할 수 있는 신입사원을 채용해 왔으나, 직무 전문성을 갖춘 경력사원을 보다 선호하는 경향이 있다. ④ COVID19의 영향으로 비대면(Un-Contact) 채용의 증가이다. 수시채용으로의 전환으로 소수 인원을 채용하기 위해 수시로 장소, 인력 등 준비의 어려움도 있고, 무엇보다 비대면 도구 활용의 편리성으로 인해 언택트 채용은 증가되는 상황이다. ⑤ 공정과 경제의 논리 확대이다. 채용에 있어 공정성 확보는 무엇보다 중요해졌다. 공기업은 블라인드 채용을 통해 공정성을 추구하고 있는데 갈수록 민간기업에도 이러한 공정성 확보를 위한 압력은 더해질 것이다. 회사에 맞는 올바른 인재를 적시에 선발하기 위한 노력을 하지 않는 기업은 없다. 채용에는 보이지 않는 많은 비용과 노력이 동반된다. 채용 전 프로세스를 통해 AI 도입 등 효율성을 추구하는 기업이 증가하고 있다.

2 채용 패러다임이 또 바뀌었군

1 정기공개채용과 수시채용

기존의 정기공개채용 관행은 직무, 채용 대상, 자격 제한 등에서 수시채용과 차이점이 있음을 알 수 있는데, 최근 많은 기업들이 인력확보에 있어서 정기 대량 공채를 지양하고 수시채용에 중점을 두고 있다.

그림 8-3_ 수시채용으로의 변화

표 8-2_ 공개채용 대비 수시채용의 주요 내용

구분	공개채용	수시채용
대상 직무	범용 직무 (부서 등 배치계획 미확정)	특정 직무 (부서 등 배치계획 사전 확정)
채용 대상	신입 限	신입, 경력
자격 제한	제한 없음	직무 관련 지식/경력/자격증 필수
채용 직군(무)	일반직, RS직	경영전략, 인사, 품질관리
채용 시기	정기 (상·하반기, 연간 등)	비정기 (수요에 따른 결정)
채용 규모	대규모	전형별 소규모(소수인원)

직무에 있어서 공채는 범용 직무(부서 등 배치 계획 미확정)가 많은 반면, 수시는 특정 직무에 대한 배치계획이 확정된 상태에서 채용한다. 채용 대상은 공채는 신입사원에 한정되지만, 수시는 신입사원과 경력사원을 포함한다. 자격 제한으로 공채는 제한이 크게 없는 편이지만, 수시는 직무관련 지식, 경력, 자격증 등을 요구한다.

2 비구조화 면접과 구조화 면접

구조화 면접은 비구조화된 면접에 비해 객관성, 공정성을 제고 가능하며 면접관 운영 부담을 줄일 수 있다. 면접의 체계적 진행이 가능하고 사전 구체적인 평가기준과 면접질문을 사전에 구체화할 수 있다는 장점이 있다.

표 8-3_ 전통적 면접과 구조화된 역량면접의 특징 비교

	비구조화 전통 면접	구조화 역량 면접
평가요소	• **직무와 무관한** 일반적 요소(일반적 태도, 동기, 상식, 개인적 선호특성 등) 일관성 있는 평가착안점이 없어 **주관적, 종합적 판단**	• 회사의 비전 달성 및 성과창출에 요구되는 구성원 행동 명확하게 정의 • 정의된 요구행동에 준하여 모든 **면접대상자를 동일한 잣대로 평가함**
면접질문	• 면접관별 **주관적 질문** • 대상자별 **상이한 질문** • 직무와 무관한 질문	• **사전에 구성된 내용과 양식에 따라 순서대로 질문하므로 일관성 있는 질문 가능**하여, 즉흥적 질문 불허
면접절차	• **집단면접** 방식(3·3) 면접대상자별 5~15분 소요	• **개인면접** 실시(2:1 방식): 역량평가에 **약 60분간** 면접 진행
면접스킬	• 면접 전 간략한 면접진행방식 설명을 통한 면접관 훈련	• 사전에 2일의 교육훈련을 통해 역량면접제도 및 각 구성요소에 대해 숙지, 연습하여 인증을 통해 자격을 갖춘 면접자 확보

3 직무중심 면접

고객 관점의 통합적 솔루션 제공을 위해 다양한 전문성을 가진 인재로 채용 Target이 변화되고 있다. 예를 들어, STEAM 인재[과학(Science), 기술(Technology), 공학(Engineering), 인문예술(Arts), 수학(Mathematics)]를 선호한다. 직무중심 채용이 되기 위해서는 직

무역량을 명확히 측정하기 위한 최적화된 Tool이 필요하다. 정형화된 공채 형태 적용은 어렵고, 수시 전환 필요성이 대두되게 된다. 또한, 직무 전문성 검증을 위한 현업의 참여 확대가 절대적으로 필요하다. 이른바, 스펙과 직무 이해도, 커리어 성장을 위한 노력 간 연결고리가 만들어지는지 여부도 매우 중요하다.

4 비대면 채용

비대면(Un-Contact) 채용은 비대면 면접, 비대면 필기평가, AI 채용, 온라인 홍보와 리쿠르팅 활동을 지칭한다. Covid19의 영향으로 어쩔 수 없는 측면도 있지만, 채용 효율성과 공정성 확보를 위해 최근 증가되는 추세이다. 물론 기술적, 물리적 제약이 있고 포괄적 판단의 어려움이 있다. 또한 보안과 유출에 대한 부담도 있지만, 갈 수 밖에 없는 상황이다.

비대면 채용은 온라인방식으로 AI 등 첨단기술 기반으로 공간과 시간의 비용이 저렴하다. 채용정보를 랜선 박람회 등 온라인 기반에서 추진되며, 대면 접촉 부담이 적다는 것이 특징이다.

어서와!

취업은
처음이지?

인사 채용 전문가
5인이 제안하는
취업의
비법

Chapter 09

직업 기초능력 강화
(1)

도대체 이해할 수가 없어_대인관계

면접위원 각자 자신의 성격이나 습관의 나쁜 점을 설명하고, 어떻게 하면 개선할 수 있는지 이야기해 보십시오.

지원자 A 네, 저는 특별히 나쁜 성격은 아닙니다. 그냥 나쁘지 않은 사람들과 잘 지내고 있으며, 원만한 대인관계를 유지하고 있습니다. 다만, 가끔 까칠하다는 소리를 듣기는 합니다. 고칠 습관이라면 좀 부지런했으면 좋겠습니다. 몸이 느려서 의사결정을 잘 못하는 편입니다. 곧 고쳐 나가겠습니다.

면접위원 그래요? 그렇군요.(도대체 무슨 말을 하는 건지)

지원자 B 네. 저는 성격이 급하고, 의사결정이 빨라서 가끔 실수를 하지만, 업무처리엔 큰 도움이 된다고 생각합니다. 하지만, 좀 더 신중한 결정을 하기 위해, 한 템포 늦추는 습관을 갖고자 클래식 음악을 많이 듣고 있습니다. 좀 더 여유 있는 생각을 갖기 위해 3개월 전부터 날마다 메모를 하면서 일기를 쓰고 있습니다.

위 두 사람의 설명을 들은 면접위원은 누구를 더 좋게 평가했을지 생각해 보자. 지원자 자신의 생각이나 의견이 정확한 설명과 앞뒤가 헷갈리는 듯한 설명은 곧바로 구분이 된다. 무슨 말을 하고 싶은지 알 수 없는, 앞뒤가 맞지 않는 표현이 있다. 정리되지 않은 생각을 횡설수설하는 듯이 표현하는 말이나 글은 의사소통이라 할 수 없다. 결국 의사소통이란, 말과 글 이상의 다른 문제일 수도 있다. 즉, 사고방식, 인간관계, 성격과 특성, 습관과 품성 등을 모두 나타내고 있는 게 의사소통의 품질이며 방식이다.

직장이나 가정, 사회나 국가에서 가장 힘든 일이 인간관계와 의사소통이라고 한다. 여기에서 비롯된 문제들이 조직의 갈등과 성과에 영향을 미치며, 미래의 생존까지 좌우한다. 특히 요즘처럼 빠르게 변하는 상황에서, 세대차이는 사회적 문제까지 일으키고 있다. MZ세대(밀레니얼 세대)와 꼰대로 이어지는 갈등뿐만이 아니라, 메타버스(Metaverse), 인공지능(Artificial Intelligence), SNS(Social Network System), 줌(ZOOM), 아바타와 게더 타운(Gather Town) 등 새로운 용어와 인터넷 기반의 서비스가 우리 생활에

등장했다. 이들 용어를 모르거나 사용할 줄 모르면, 일을 하는 데 어려움이 있고 서비스를 사용할 수 있는 집단과 그렇지 않은 집단의 기술문화적 차이로 인한 오해의 소지와 조직 내 갈등 양상이 빚어진다.

약속을 정해 놓고도 시간이나 장소에 대한 이해가 달라 다툼이 생기고, 업무를 지시하고 전달받는 입장에서 잘못을 서로에게 떠넘기기도 한다. 보고와 지시사항에 대해 서로 다르게 이해를 함으로써 생기는 착오는 수도 없이 많다. 팀이나 부서 간에 의사전달이 잘못되어 반복되는 일은 비일비재하고, 다양한 이익단체나 집단 간의 이해가 충돌해도 이들 행동에 대한 설득력이 약하고 지도력이 부족하여 갈팡질팡한다. 지역 간의 이기주의는 물론, 한 마을에서도 의견을 맞추지 못해 분열과 파열음이 그치지 않는다. 갈등비용이 수조 원이 든다고 난리다.

이와 같은 현상을 보면서, 인간관계는 상호 간의 단순한 이해관계나 상하관계에서 오는 문제가 아니고, 의사소통 역시 단어의 나열이나 문자의 구성이 아니라, 마음의 표현이며 교양의 수준을 나타낸다는 것을 알게 된다. 그래서 전문성을 키워가야 할 직장인에게 필수가 되는 의사소통과 문제해결, 의사결정 등에 대해 간략히 살펴 보고자 한다.

다음 성과역량모델(Performance Competency Model)을 살펴 보면서 직장인에게 필요한 역량들을 생각해 보고, 어떻게 하면 자신의 전문성을 강화할 수 있을지 작성양식의 빈칸에 적어 보기로 한다.

✿ 성과역량모델과 실천 작성 양식(Performance Competency Model / Sample)

역량 구분	세부 역량	역량 강화 구체적 실행내용(작성란)
내재적 역량	성실성 / 창의성 분석력 / 판단력 적극성 / 솔선수범 적응력 / 자기개발	주변의 변화와 현상에 대해 호기심을 갖는다. 주요 모임에는 적극 참석한다. 독서에 집중하고 2개 외국어를 공부한다.
대인관계 역량	동기부여 / Teamwork 육성 영향력 / Communication 다양성 존중 / 갈등관리 협상능력 / 관계형성능력	마음에 들지 않아도 먼저 다가간다.
업무처리 역량	기획력 / 전문적 능력 목표관리 / 실행능력 업무개선 / 문제해결 Coaching & Mentoring	매월 실행목표를 설정하고 점검한다. 문제를 다른 방향에서 바라본다.
조직문화 역량	비전 공유 / 가치 향상 기업 윤리 / 변화 주도 사업과 조직의 이해 고객만족	법과 규정에 어긋나는 일은 하지 않는다. 항상 고객 평가를 받고, 의견을 묻는다.
조직시스템 역량	품질관리 / 복리후생제도 조직구조 / 성과관리 인재육성제도	

2 말이 안 통해서 답답해_의사소통능력

면접관   오늘 이 회사에 면접을 보러 오기 위해 준비한 것은 무엇이며, 어떻게 평가받고 싶은지 설명해 보십시오.

지원자A   네, 저는 대학생활을 충실히 했으며, 동아리활동을 하면서 친구들과 모의 면접 연습을 많이 했습니다. 입사지원자 중에서 최고의 평가를 받고 싶습니다.

지원자B   저는 이 회사에 면접을 보러 오기 위해 세 가지를 했습니다. 첫째, 회사 홈페이지에 들어가서 최고경영자의 경영방침과 사훈을 암기하고, 회사제품에 대해 살펴 보았습니다. 둘째, 한 달 전부터 경제신문을 읽으며, 이 회사에 관한 뉴스를 정리했고 지금 여기 갖고 왔습니다. 셋째, 공대 전기공학과를 나왔지만, 최신의 정보통신기술(ICT)의 발달에 맞출 수 있는 인재가 되기 위해, 관련 자격증을 취득했습니다. 회사발전에 기여할 수 있는 전문가로 평가받고 싶습니다. 여기 자격증이 있습니다.

    독자 여러분이 위 면접관이라면 누구를 채용하고 싶은가? 단순히 말을 잘하는 게 아니라, 구체적인 준비를 해 왔고, 그 결과를 보여줄 수 있는 사람은 어떤 질문에도 정리된 답을 할 수 있다. 입사지원자로서 우수한 인재로 평가받고, 인정을 받아야 하는 것은 절대로 필요하다. 공부를 열심히 하고 우수한 성적을 거둔 학생 중에도 워낙 말주변이 없거나 표현방법이 서툴러서 제대로 인정받지 못한다면 슬픈 일이다. 물론 학교에서 설명이나 발표의 기회가 적어서 그런 경우도 있고, 본래부터 어눌한 언어습관을 가진 사람도 있다. 이는 가족관계나 교우관계 또는 사업을 하는 과정에서도 중요한 자질로 나타나게 된다.

    K 부장은 3년 전 회사를 나와 사업을 시작한 후 퇴직금을 다 까먹으며 간신히 생활을 지탱하고 있다. 두 자녀는 모두 대학교를 졸업하고 취직을 한다고 뛰어다니는데 쉽지 않은 눈치다. 2년째 병원에 계신 어머니 걱정에 잠이 오지 않지만, 밤낮으로 뛰어다니는 아내의 돈벌이도 시원치 않다. 다시 일자리를 얻어보려고 이력서를 써 들고 다닌 지 6개월이 지났지만 좋은 소식은 들리지 않는다. 나이 탓이려니 생각하고 위로도 해보고, 지금까지 해본 일과는 전혀 다른 분야의 일도 마다하지 않겠다

고 벼르고 있지만 자신의 능력을 보여줄 수 있는 기회조차 오지 않으니 답답할 뿐이다.

이력서를 들고 면접을 보고 오는 아들을 보면, 뭔가 가르쳐 주고 싶지만, 답답하기는 마찬가지다. 아비와 아들이 모두 취직을 하러 뛰어다닌지 6개월이 지났지만 시원한 결론이 나지 않아 불안하기만 하다. 아들 이력서를 봐 주면서 자신의 이력서와 자기소개서를 다듬어 주다가도 말이 통하지 않아 버럭 화부터 낸다. K 부장은 어디론가 숨어 버리고 싶을 뿐이다.

매끄럽고 정교한 언어를 구사하는데도 마음에 와닿지 않는 말과 글이 있고, 구수한 사투리로 어설프게 지껄이는 대화에도 끌림이 가는 언어가 있다. 그 차이는 무엇일까? 어딘가 막힌 듯한, 자연스럽지 못한 다툼과 의미 이상의 다른 문제가 숨어 있는 듯한 언쟁 같은 느낌이 드는 대화가 있고, 말하지 않고 조용히 앉아만 있어도 뭔가 깊이가 느껴지는 자리가 있다. 그 차이는 또 무엇일까?

의사소통(Communication)이란, "언어와 비언어적 상징(Verbal and Non-Verbal Symbols)을 사용하여, 의도적 또는 비의도적(또는 의식적 또는 비의식적)으로, 다른 사람들과 상호 교류하며, 사회생활을 영위해 가는 과정이다."

우리는 태어나면서 제일 먼저 말을 배우고 이어서 글을 배운다. 그림과 노래를 배우고 생각을 깊이 하면서 자신의 주장을 하기 시작한다. 다른 사람의 말을 듣고, 글을 쓰고 읽으면서 마음을 표현한다. 의견을 전달하고 다른 사람의 의도를 알아차린다. 그런 과정을 거쳐 성장한 어른들은 인간관계가 힘든데, 그 과정에서 의사소통이 가장 어렵다고 한다.

직접 전달해야 하는 자료를 e-메일로 보내서 문제가 되기도 하고, 누군가가 보아서는 안 될 문서를 팩스로 보내서 공개가 되는 바람에 사고가 생길 때도 있다. 지워야 할 문자를 지우지 않고 보관했다가 화를 당하기도 하고, 도청되는 줄 몰랐던 전화내용을 도청당해서 감춰두었던 범행이 발각되기도 한다. 메모로 전달해도 될 것을 e-메일로 보내서 시간을 낭비하기도 하고, 구두로 계약을 체결했다고 우기면서 배상을 해야 할 경우도 생긴다. 이 모든 것이 의사소통의 채널(Communication Channel)에 관한 고민을 하지 않은 까닭이다.

문맹률이 가장 낮은 한국에서 문해율(文解率), 즉 글을 이해하고 해석하는 능력이 낮아서 걱정이라고 한다.

"도대체 저 사람하고는 통하질 않아."
"요즘 애들과는 소통이 안 돼."
"어른들 말은 알아들을 수가 없어요."
"당신은 왜, 내 말은 듣지 않고, 당신 이야기만 하세요?"

말과 글을 모두 알고 있는 사람들끼리 갈등이 생기고, 관계가 나빠져서 고민을 하고, 기업의 경영 방침이나 정부 정책이 제대로 전달되지 않아서 직간접적인 많은 손실을 초래하고 있는 것이다.

그렇다고 해서 유창한 말재주나 뛰어난 언변을 갖고 있는 사람을 의사소통이 뛰어나다고 하지 않는다. 오히려 미사여구(美辭麗句)로 꾸며진 글이나 부사, 형용사로 이어가는 말은 믿지 않는다. 어수룩하고 어정쩡해도 믿을 만한 언어로 마음을 사로잡는 사람들이 있다. 특히, 직장생활을 하는 조직 생활에서 또는 사업을 하는 경영자들 간에 이루어지는 의사소통, 즉 비즈니스 커뮤니케이션은 업무성과에 직접적인 영향을 미친다. 작은 단어 한 마디와 한 자리의 숫자도 비즈니스의 성패에 중요한 역할을 한다. 어쩌면 쉽게 던지는 한 마디의 말보다 '정중한 악수의 순간(The Moment of Truth)'이 더 중요한 메시지를 전달할 수 있다.

의사소통에는 특징이 있다. 첫째, 어떻게 구성하는가에 따라 그 효과가 달라진다. 결론부터 말하는 방법이 있고, 재미 있는 에피소드나 사례를 들어서 집중을 시키기도 한다. 논리적인 설명으로 시작하는 글은 재미가 없지만, 노래하듯이 포문을 여는 강의는 즐거움을 준다. 장황하게 늘어뜨리며 설득을 하면 효과가 없지만, 단호한 결정을 한 듯이 날카로운 눈빛을 보이면 누구든지 넘어간다. 둘째, 의사소통은 상황에 따라 성과가 다르다. 술에 취한 듯이 떠들면 들은 체도 않던 사람이 빈듯하게 앉아서 조목조목 파헤치면 대들 수가 없다. 호텔 커피숍에서 조용히 말하는 것과 지하철에서 시끄럽게 떠드는 건 당연히 그 결과가 달라진다. 월요일 아침에 전화를 하는 것과 목요일 저녁에 만나서 이야기하는 것도 성과는 같을 수가 없다. 끝으로, 의사소통은 항상 불완전하며 다양한 방식으로 전달되고 습득된다. 누가 말을 한다고 해서 그 효과가 나아지리라고 장담할 수 없으며, 어떤 양식으로 글을 쓰는가에 따라 상대방의 느낌이 달라지기도 하기 때문이다. 메일로 보내는 게 나은 게 있고, 팩스로 보내면 안 되는 문서가 있다.

글과 말의 표현이 얼마나 중요한지 다음 두 사람의 목표를 살펴보면서, 누가 자신의 목표를 빨리 이루겠는지, 독자 여러분은 어떤 사람 편인지 생각해 본다.

구분	지원자 A	지원자 B
독서	• 책을 많이 읽겠다. • 좋은 책을 빌려오겠다. • 독서시간을 늘리겠다.	• 한 달에 3권의 책을 읽는다. • 매월 좋은 책 2권은 직접 산다. • 매일 70분 이상 책을 읽는다.
약속	• 약속을 잘 지키겠다. • 핑계를 대지 않겠다. • 많은 사람을 만나지 않겠다.	• 약속시간 5분 전에 도착한다. • 받은 메일은 2일 이내에 답장을 보낸다. • 매주 3명 이내의 사람을 만난다.
업무처리	• 맡은 일은 열심히 한다. • 새로운 일은 열심히 배운다. • 배우는 데 창피함은 없다.	• 일을 맡으면 기한 내에 끝낸다. • 누구에게나 찾아가 묻고 배운다. • 2번 이상 같은 질문을 하지 않는다.
생활습관	• 일찍 일어난다. • TV는 많이 보지 않는다. • 일찍 출근한다. • 메모와 기록을 습관화한다.	• 아침 5시 20분에 일어난다. • TV시청은 하루 2시간 이내로 한다. • 7시 40분에 출근한다. • 항상 필기도구를 갖고 다니며 기록한다.
기타	• 칭찬을 많이 한다. • 고운 말을 쓴다.	• 만나는 사람마다 두 가지 장점을 찾아 두 번 이상 칭찬한다.

두 사람의 차이는 분명하다. A는 '~하겠다'는 표현을 많이 사용했다. 의지를 나타내는 말이다. 의지는 정도에 따라 다르게 나타난다. 상황에 따라 느낌에 따라 이행하지 않을 수도 있는 것이 의지다.

다른 사람 B는 '~한다'는 원칙을 표현했다. 해야 할 일에 대해 구체적인 숫자와 강한 원칙을 설정했다. 스스로 정한 원칙과 마음의 의지는 다르다. 막연한 계획을 적은 사람과 모든 계획에 수치를 명시한 사람의 목표와 그 결과는 같지 않다.

3 문제야 문제, 그게 문제야-문제해결능력

A과장   요즘 신입사원들은 문제가 많습니다. 일에 대한 개념이 없고, 직무에 대한 소신이 없습니다. 큰 일입니다. 각자가 너무 이기적이고, 애사심이 없습니다.

B사원   요즘 어른들은 참 답답합니다. 말이 통하지 않습니다. 오래된 사고방식에서 벗어나지 못하고 꼰대 같은 소리만 합니다.

채용담당 C과장   그러면 어떻게 하면 좋겠습니까? 서로 상대방에 대한 문제점만 얘기하지 마시고 대책과 대안을 제시해 보세요. 아무리 그렇다고 해도 함께 일을 해야 하는 거잖아요?

얼마 전, 중소기업인 H사는 월간 회의에서 신입사원을 채용하지 않기로 결정했다. 자주 뽑는 것도 아니지만, 직업과 일, 직장에 대한 개념이 없는 듯한 신입사원들은 다루기가 너무 힘들고 일에 대한 개념이 없다는 게 대부분 관리자들의 의견이었다. 200명도 되지 않는 회사에서 신입사원을 위한 교육을 별도로 시킬 여력도 없고, 멘토링제도(Mentoring System)를 운영해 봤지만 별 효과도 없는 듯 했다.

짧게라도 1~2년 이상 직장생활을 해 본 젊은이들을 채용하는 게 업무적응력도 빠르고, 직원들 간의 소통과 고객과의 문제를 해결하는데도 효과적이라고 했다. 특히, 주로 기술영업을 전문으로 하는 회사로서 신입사원이 고객들과 마찰이 생기고 문제가 발생했을 때, 이를 해결하는 게 더 많은 비용이 들어간다는 거였다.

신입사원의 의견을 들어 보면, 그들도 또한 나름대로 어려움이 있음을 모르지 않는다. 학생들이라고 해서 반드시 아르바이트나 봉사활동 등을 해야 하는 것도 아니고, 성적위주로 공부만 하다 보니, 직장생활 방식이나 처세술을 특별히 배울 기회도 없었다는 거였다.

직장생활이나 사업을 경영하면서 고민이 있을 때, 문제가 무엇인지 모를 때 가장 좋은 방법은 가까운 이웃이나 친구, 사원이나 고객에게 물어보고 배우는 것이다. 신입사원이라도 직장에서 어려움이 있거나 문제가 발생하면 즉시 선배사원들에게 묻고 찾아가 배워야 하는데, 용기가 나질 않는다.

파악하고 개선하기에 딱 좋은 고객은 바로 부하직원 또는 후배사원들이다. 그들에게 백지를 나누어 주고, 이름을 쓰지 말고 문제점을 적어 달라고 하면 솔직하고 명확하게 개선 방안을 제시해 줄지도 모른다. 그런 과정에도 용기가 필요하다. 한 번해 보고 나서 그 가치를 알면, 자주 하게 되는데, 너무 자주 하면 또 오해가 생기기도 하니 주의할 일이다.

자신이 모르는 문제를 누군가는 알고 있고, 어떤 이들은 그 문제점의 해결방법까지 알고 있었다. 그래서 옛말에 "병은 알리라."고 했다. 병을 알리면 잘 아는 병원을 소개시켜 주고, 유능한 의사를 소개시켜 주기도 한다. 문제점을 이야기하고 고민을 털어 놓는 일이 쉽지는 않다. 용기가 있어야 하고 솔직해야 한다. 앞뒤를 감추고 적당히 변죽만 올려서는 해결 방안을 찾기가 힘들다.

문제를 알았으면 원인을 파악해야 한다. 모든 문제의 바탕엔 원인이 있다. 씨 없는 열매가 없듯이, 나타나는 문제엔 항상 원인이 있다. 그 원인을 찾아내는 과정에도 고객의 의견이 필요하고 정직하고 솔직한, 진솔한 태도와 용기가 필요하다. 감추지 않고 어떤 사소한 내용도 정확히 기술해서 여러 번 읽어 보고 되뇌어 음미할 필요가 있다. 개인적인 습관이나 생활태도가 문제의 원인이 되기도 하지만 예측하지 않은 부분에서 문제가 발생하기도 한다. 특히 비즈니스 세계에서 주의할 점은 자신의 약점이나 작은 습관조차도 큰 문제의 원인이 된다는 점을 인식해야 한다.

 문제의 원인은 다른 곳에 있었네

원고를 쓰면서 어떤 동화 작가에게 재미있는 그림(삽화)을 그려 줄 것을 부탁했다. 수시로 고친 원고를 주고받으며 의견을 물었는데, 원고를 메일로 보내면 며칠씩 답장이 오지 않았다. 메일을 열어 보지도 않고, 독촉을 해야만 그때서야 마지못해 원고를 확인하고 억지로 일을 하려는 태도를 보였다. 원래 게으른 사람이 아니었는데 왜 그런지 궁금했다. 나중에 들은 이야기는 가정에 문제가 생겨서 모든 일에 의욕을 잃고 방황하는 상황이었다고 했다. 몇 번 더 원고를 주고받다가 속이 터질 것 같아서 사람을 바꾸었다.

　　원인을 알았으면 여러 가지 대안 또는 대책을 찾아내고 결정을 해야 한다. 대안을 찾는 것은 의외로 쉬울 수 있다. 원인을 알았으니 대책이야 뻔하지 않겠는가? 다만, 여러 가지 대안 중에 선택을 하고 실행방법을 선택하는 과정에서 망설이느라고 시간을 보내기 쉽다. 최근에 '결정장애'라는 말이 생겼다. 무엇을 해야 할지, 어떤 것을 먹고 싶은지, 어디로 놀러 가고 싶은지 망설이며 결정하지 못하는 게 장애의 정도까지 이르렀다는 뜻이다. 특히 자신의 진로를 결정하거나 전공을 선택하는 등 중요한 선택을 하고 결정을 하는 과정에 부모의 주장이나 친구의 의견을 참조해야만 한다는 젊은이들이 있다. 아마도 어려서부터 부모의 간섭이 심하다 보니, 스스로 선택하지 못하고 망설이며 두려워하는 심리가 두터워진 까닭인 듯하다.

　　특히 비즈니스 세계에서 의사결정을 하지 못하면서 망설이다 보면 고객은 도망가고 만다. 중요한 고객은 기다려주지 않는다. 시장은 시간과의 싸움이다. 누가 먼저 좋은 기술을 개발하는가에 따라 판도가 바뀌고, 새로운 고객을 창출하는 사람이 시장을 선점한다. 따라서 선택할 만한 대안이 있으면 빠르게 선택하고 시행할 의지가 필요하다. 단호한 '의사결정(Decision Making)'이 필요하다.

　　다음 20개 문항의 질문을 읽어 보면서 장차 사회의 리더가 될 자신의 경쟁력을 확인해 보자.

자신의 경쟁력 Check Point

- 비즈니스와 관심 분야의 트렌드 파악을 위해 신문과 잡지를 지속적으로 읽는가?
- 관심 분야에 맞는 적절한 교육을 받았으며, 경험을 갖고 있는가?
- 지식과 전문성을 늘리려고 세미나와 워크숍을 찾는가?
- 전문가 단체나 그룹에 참여하는가?
- 지난 5년 사이에 많이 변화했거나, 맡은 일의 책임 수준이 높아졌는가?
- 나 자신의 능력·기술·장단점을 알고 있는가?
- 직업에 맞는 패션을 연출할 수 있는가?
- 어떤 일에 지원할 때 다른 사람과 차별화된 요소가 무엇인지 아는가?
- 다음 단계에 하고 싶은 일을 정확히 하는가?
- 나름대로 기업과 산업을 연구할 능력이 있는가?
- 직업과 관계있는 전문가 모임이나 행사에 참가해 리더들과 접촉하며, 알게 된 사람과 꾸준히 만나는가?
- 과거에 일했던 곳의 사람들과 계속 만나는가?
- 사교적 모임·행사에 가서 자신을 적극 소개하며, 새로 만난 사람과 명함을 교환하고 관리하는가?
- 나만의 경쟁력 포인트를 개발했고, 이를 남들에게 쉽게 설명할 수 있는가?
- 인력을 채용하려는 사람에게 언제든지 내 소개서를 줄 수 있는가?
- 나를 채용할 잠재적 고용주를 만나면 적극적으로 접촉하는가?
- 면접을 할 때 내가 회사를 위해 무엇을 해줄 수 있는지 설명할 수 있는가?
- 남들과 다른, 최선의 소개서·이력서를 낼 수 있는가?
- 소개서·이력서에 과거 직장에서 본인이 기여한 바를 정확히 적을 수 있는가?
- 소개서·이력서에 한 글자도 틀린 것이 나오지 않도록 점검하며, 용지·디자인도 최고로 꾸미는가?

[평가 방법]

- '그렇다'는 항목이 18~20개 = 경쟁력 준비 끝
- 16~17개 = 조금만 더 노력하면 됨
- 13~15개 = 준비가 더 필요함
- 13개 미만 = 경쟁력 향상을 위해 할 일이 많음

* 미국 스텟슨 대학 랜달 한센 박사 작성

Chapter 10

직업 기초능력 강화 (2)

자기는 스스로 계발해야지 _자기개발능력

A 본부장 요즘 지원자들 보면 도대체 무슨 생각을 하고 지원하는지 모르겠어?

B 본부장 왜 무슨 문제 있어?

A 본부장 자신에 대한 인식은 물론이고 고민하는 흔적이 없어. 또한 성장에 대한 생각이 없어, 말이 통하지 않으니 압박질문을 하면 풀이 죽어 제대로 대답도 못하고 울먹이잖아. 어떤 지원자는 질문에 말은 많이 하지만, 회사가 원하는 말이 아니니 설명해 줄 수도 없고 답답하기만 하네.

1 왜 이런 일이 발생할까?

사실 원하는 회사와 직무에 진정한 실력이 있으면 그 어떠한 상황에서도 성과를 창출하고 인정받는다. 실력이 있는 사람은 그 실력을 바탕으로 더 큰 성장을 할 수 있고, 자신의 요구사항을 관철시킬 수 있다. 실력은 한순간에 이루어지지 않는다. 부단한 노력의 결과이다. 많은 사람들이 다 노력한다. 하지만, 실력의 차를 가져오게 하는 요인은 무엇인가? 바로 바람직한 자신의 모습을 명확히 하고, 이를 달성하기 위해 방향과 목표를 설정하고, 지식과 스킬을 쌓아가며, 절박하게 실행을 지속한 자기계발의 결과이다. 자기계발은 성장의 원동력이며, 스스로 동기부여하게 하는 힘이다.

면접관의 질문에 올바른 대답을 하는 지원자는 '자신의 성격과 능력을 명확하게 인지하고, 지식과 태도, 경험과 경력을 쌓아가며 자기 발전을 스스로 이끌어가는 능력'이 뛰어나다. 입사지원서나 면접의 가장 첫 걸음은 자기 자신의 성격, 강점과 약점을 명확하게 아는 것이다. 면접 현장에서 매우 수줍어하는 지원자를 보았다. 자신 성격의 강약점을 말해 보라고 하자, 긍정적이며 밝은 성격이 강점이라고 한다. 수줍어하는 것과 긍정적이고 밝은 것과는 다를 수 있다. 하지만, 짧은 시간에 지원자를 판단해야 하는 면접관 입장에서는 지원자의 지원서와 언행을 보며 결정을 내릴 수

밖에 없다. 자신의 강약점을 분명히 알고 강점을 강화하는 것이 보다 바람직하다.

자기 자신을 명확하게 하는 여러 심리 진단지가 있다. 중요한 것은 어떤 영역에서 어느 수준으로 가져가는 것이 보다 바람직한 방법인가에 대한 정답은 없다. 결국 자신이 스스로를 이끌어가야 한다. 그래도 방향이나 틀이 있으면 이러한 자신을 찾아 가는 데 큰 도움이 된다.

2 **조하리의 창**(Johari's Window) : **마음의 4개 창**

자신이 '스스로 본 자아'와 '타인의 시선에 비친 자아'의 심리적 격차(Gap)가 발생하면 자기방어적 경향이 나타나게 된다. 자기방어적으로 되는 경향을 막고 성장을 지향하기 위해서는 언제나 타인의 비판이나 조언에 대해 겸허하게 귀 기울이는 습관을 갖는 것이 중요하다. 이에 대해 쉽게 설명한 이론이 '조하리의 창(Johari's Win-

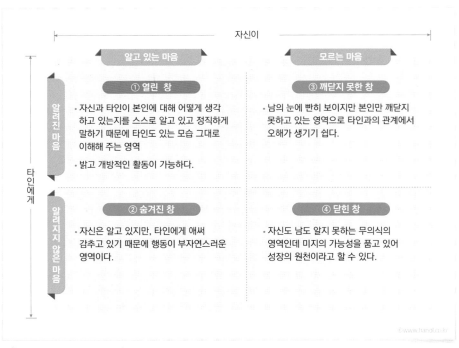

🐚 그림 10-1_ **4개의 조하리 창의 특징**

dow)'으로, 이에 따르면 인간의 마음에는 4가지 영역이 있다고 한다.

'열린 창'을 크게 하고, '닫힌 창'을 작게 하는 것이 자기통찰이자 성장이다.

조하리 창에서 우리는 나도 알고 남도 아는 열린 창은 다 알고 있기 때문에 불필요한 오해가 없이 그대로 이해해 줄 수 있다. 반대로 나도 남도 모르는 닫힌 창은 무의식 영역이다. 문제는 나는 아는데 남이 모르는 숨겨진 창은 거짓 언행이 나타날 가능성이 높아 부자유스럽다. 면접 현장에서 가장 면접관이 유심히 보는 상황이기도 하다. 나는 모르고 남은 아는 깨닫지 못한 창은 일종의 습관 같은 상황이다. 상대에게 최선을 다해 친절하게 대해주는 습관에 대해 상대는 나를 좋아하는 것 아닌가 하는 착각에 빠질 수 있다.

채용 면접에서 면접관으로 참석하여 지원자의 행동을 보면 대부분 밝은 표정으로 면접에 임한다. 자신의 답변 차례가 오면, 미소를 지으며 밝은 표정을 짓고 조금은

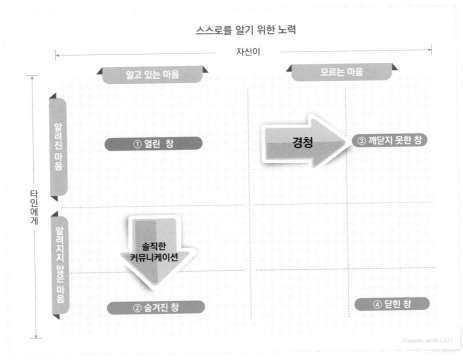

🌀 그림 10-2_ 4개의 조하리 창과 자기성장

큰 목소리로 의견을 내는 지원자들이 많다. 면접관으로 유심히 보는 것은 눈동자와 제스처 그리고 답변이 끝나고 다른 지원자가 답변할 때의 표정을 본다. 이때 답변할 때 보지 못한 다른 면을 보게 되기도 한다.

조하리 창이 주는 교훈은 "스스로를 안다."는 것은 '타인의 이야기를 솔직하게 귀 기울이고, 스스로의 마음을 솔직하게 표현하는 노력'을 끊임없이 이루어나가는 것이다. 이런 노력이 인간의 성장의 원점이라고 할 수 있다.

3 자아성찰의 성공 사례

A대학교 전자공학과에서 음성인식에 관한 프로젝트를 개발하여 독보적 기술을 확보하게 된 홍 교수. 홍랩이라고 불리는 연구실은 많은 투자가들이 지원을 해 자금이 풍부하다. 축제 분위기에 들떠 있는 학생들과는 달리 랩의 자산을 담당하고 있는 김철수 학생의 표정은 그리 밝지가 않다. 연구실의 비용 씀씀이가 예전 같지 않기 때문이다. 모두가 공돈이나 생긴 것처럼 너무 과도하게 비용을 지출한다고 느낄 정도로 코스트에 대한 관념이 전혀 보이지 않았기 때문이다.

위기의식을 느낀 김철수 학생은 더욱 더 과도하게 비용 통제를 하게 되고 이러한 그의 행동은 시간이 지나면서 크고 작은 트러블을 야기하게 만든다.

결국 다른 학생으로부터 나온 불만들이 교수의 귀에 들어가고 관련 내용을 청취한 교수가 김철수 학생을 부르게 된다. 지출에 대한 통제가 너무 과하지 않느냐는 교수의 지적에 김철수 학생은 잠시 충격을 받은 듯이 가만히 듣고 있다가 천천히 용기를 내듯 말하였다.

"어린 시절부터 가난하게 자랐습니다. 가난해서 하고 싶은 것도 거의 못하면서 자랐지요. 돈을 버는 것은 어렵지만, 쓰는 것은 쉽습니다. 조금이라도 자금의 여유가 있을 때, 가능한 한 아껴 쓰고 절약해서 비가 올 날을 대비해야 한다고 생각하고 있었습니다. 저는 연구실 자산을 담당하고 있습니다. 제 돈은 아니지만 때로는 학생들로부터 원망을 듣더라도 통제를 할 수 있어야 한다고 생각했습니다. 그렇지만 저의 이러한 행동들이 학생들에게 다른 방향으로 영향을 미칠 줄은 몰랐습니다. 과도하게 통제하다 보니 당연히 학생들의 업무 활동에 제동이 걸렸겠지요. 그리고 저는 교수님께서 말씀해 주시기 전까지는 그런 줄도 몰랐네요. 통제를 하면서도 학생들의 연구에는 방해가 되지는 않도록 균형을 잡았어야 했는데 이는 저의 불찰입니다."

그 이후 김철수 학생은 조금씩 변화했다. 여전히 자금에 있어서는 깐깐하게 통제를 하기는 하였지만 왜 그렇게 밖에 할 수 없는지에 대해서는 상대방에게 세밀하게 설명하였다. 그리고 눈에 보이는 곳곳에 '효과적 비용 절감' 표어를 붙이고 비용을 처리할 때마다 '효과적 비용 절감'을 적는 것을 잊지 않았다. 학생들도 이제는 김철수 학생을 이해하기 시작했다. 그의 행동에는 나름대로 조직을 사랑하는 마음이 진하게 깔려 있음을 알게 된 것이다.

어쩌면 지금까지 김철수 학생은 연구실의 성과나 이익에만 초점을 두다 보니 자신이 다른 사람에게 어떻게 비춰지고 있는지, 그리고 자신의 행동이 타 학생들에게 어떠한 영향을 미치는지에 대해서는 보지 못하고 있었는지도 모른다. 조하리의 창에서 보자면 자신은 알고 있지만 타인들은 모르는 '숨겨진 창' 안에 있었을 것이다. 그러나 교수로부터 자신에 대한 피드백을 계기로 자신도 알고 타인도 아는 열린 창 영역으로 이동할 수 있었던 것이다.

우리는 항상 구성원들에게 본인이 어떻게 비추어지고 있는지 그리고 나는 어떠한지, 자신에 대해서 객관적인 시각을 놓치지 않아야 할 것이며, 자신이 구성원들에게 어떠한 영향을 미치는지도 명확히 캐치하여 행동을 수정해 나갈 줄 알아야 한다.

 실천 가이드

1. **진실을 감추거나 왜곡하지 않고 투명하게 공개한다.**
- 많은 사람들이 순간적인 위기를 모면하거나 개인적인 이익을 위해 진실을 감추거나 왜곡한다. 거짓으로 문제를 회피하려 하거나 이익을 얻으려는 행동은 오래가지 못하고 진실이 드러나게 된다. 사실을 숨기고 회피하는 것보다 정직하게 인정하는 편이 언제나 최선이라는 생각을 가져야 한다.

2. **정정당당한 수단과 방법으로 목적을 달성한다.**
- 결과가 수단을 정당화시킨다는 사고는 목적을 위해서라면 물불을 가리지 않고, 부당한 행동을 저지르게 만든다. 남보다 우월하다는 것을 내세우고 싶은 욕심이 앞서게 되면 목적을 이루

기 위한 방법이 옳은가에 대한 고민은 뒤로 밀려난다.

· 성공에 대한 지나친 집착과 욕심은 부도덕으로 변질되고, 그로 인해 발생하는 모든 문제에 대한 책임은 자신이 감당해야 할 몫이다.

3. 공과 사(公私)는 명확하게 구별한다.

· '이 정도쯤이야 괜찮겠지.'라는 생각에서 공과 사를 구별하지 못한다. 스스로 자신의 행동과 판단에 책임을 지고 자신의 의사결정이 윤리적인지 아닌지 주기적인 점검과 평가를 실시해야 한다.

4. 말과 행동을 일치시킨다.

· 자신의 말과 행동이 다를 경우, 사람들은 진심을 알지 못해 혼란스러워하고 각종 루머와 의혹에 둘러싸일 수 있다. '작은 믿음이 쌓이면 큰 믿음이 선다.'라는 말이 있다. 작은 것부터 자신의 행동을 통해 진실성을 입증해야 한다. 비록 작은 것이지만 말과 행동이 일치하는 사람의 태도에서 사람들은 믿음을 갖고 그의 결정에 신뢰감을 느끼게 된다.

2 가치 있는 정보 만들기_정보능력

A군   너 4차 산업혁명이 무엇인지 알아?

B군   그것이 왜 중요해?

A군   인적성 검사와 면접에 나오는 문제 아닐까?

B군   글쎄, 이번 인적성 검사에는 성격 못지않게 수리능력도 필요하다는데, 정보능력과 수리능력이 한순간에 쌓아지는 것일까?

A군   지난 번 면접에서 떨어졌는데, 인사담당자가 아는 선배님이라 내가 왜 떨어졌는가 물어봤거든. 세상에, 내가 문제를 파악하고 처리하는 능력이 많이 떨어진데. 성장과정과 성격의 장단점을 이야기하는데, 그런 식으로 말하는 지원자는 너 한 명밖에 없다고 질책하더라. 나는 솔직하게 나의 성장과정과 성격에 대해 이야기했거든.

B군   정보를 수집하고 분석하는 능력이 중요한데 어떻게 키워나가지?

1 **왜 이런 일이 발생할까?**

자신이 하고자 하는 일과 관련된 지식과 자료 등의 정보를 수집하고, 이를 통계적 방법으로 분류하고 분석하여 의미 있는 방안을 마련하여 활용하는 능력은 매우 중요하다. 정보통신기술(ICT) 발전에 따른 디지털 환경이 급속하게 발전하면서 정보능력은 매우 중요한 역량으로 부상하였다. 정보능력은 크게 3단계 수준으로 볼 수 있다.

첫째, 데이터를 수집하고 분석하는 단계이다. 세상에 수없이 많은 정보 중에 자신이 하고자 하는 일의 데이터를 수집하는 능력이다. 둘째, 분석한 데이터를 기준으로 해석하여 대안을 만드는 단계이다. 지원자가 회사가 묻는 질문에 대해 어떤 모습과 방향에서 답변을 할 것이냐 결정하는 것이 합격과 불합격을 결정하는 중요한 요인이다. 자신이 속한 산업과 경영에 대한 마인드와 통찰력을 가지고 분석한 정보 중 도움이 될 내용을 뽑아 답변을 하는 역량이다. 셋째, 실행계획을 수립하고 활용하는 단계이다. 사업가적 마인드가 없으면 이 단계의 의사결정을 할 수가 없다.

2 **정보의 특성과 정보처리 프로세스**

1) 정보의 특성

1 **적시성이다**　필요한 시기에 필요한 활용가능성이다. 불필요한 정보는 의미가 없다. 특정 목적을 달성할 수 있는 자료가 적시에 있어야 한다.

2 **무형성이다**　정보는 기본적으로 형태가 없다. 컴퓨터와 같은 수단을 통해 문서와 도표와 같은 형태를 띠게 된다.

3 **비용부담이다**　정보에 따라 무상으로 얻을 수 있지만, 중요한 정보일수록 대가를 치러야만 한다. 정보 취득의 비용부담이다.

4 **소멸이 없다**　정보란 저장하여 어떻게 활용하는가에 따라 소멸하지 않는다.

5 **적합성이다**　원하는 내용에 적합한가 여부가 정보가치의 중요한 판단기준이

된다. A정보를 원하는데 도움이 되지 않는 B자료만 있다면 의미가 없다.

6 **이동성이다** 가지고 있는 정보를 타인에게 전달할 수 있다. 물건과 다른 점은 물건은 준 사람은 없지만, 정보는 준 사람에게도 남아있다는 장점이 있다.

7 **부가가치가 높다** 정보는 필요한 사람이 누구이며, 목적이 무엇인가에 따라 부가가치는 천차만별이다.

8 **정보 보유자의 신뢰가 중요하다** 누가 정보를 생성했고, 전달한 사람이 누구인가? 그들의 신뢰성이 정보가치의 판단기준이 된다.

9 **상승효과가 높다** 정보란 1차보다 2차, 3차로 갈수록 정보의 가치가 높아진다.

2) 정보처리 프로세스

정보처리능력은 주어진 목적을 달성하기 위해 필요한 자료를 수집하고 특정 방법으로 분석하여 가치가 있는 정보를 찾아내고, 찾아낸 정보를 중심으로 목적 달성에 유용하도록 조직화하고 관리하며 활용하는 능력이다. 양질의 정보를 조직화하고 유효하게 활용하여 목적을 달성하기 위해서는 정보처리의 프로세스를 명확하게 이해해야 한다.

정보처리 프로세스는 크게 5단계로 살펴볼 수 있다. 1단계는 주어진 목적에 적합한 정보를 수집하는 단계이다. 2단계는 수집한 정보를 특정 방식으로 분류하여 분석하는 단계이다. 3단계는 정리된 정보를 간결하면서도 유용하게 가공하고 체계화하는 단계이다. 4단계는 체계화된 정보를 활용하는 단계이며, 마지막 5단계는 정보의 평가 단계이다.

🌳 정보 수집

수많은 정보 가운데 자신에게 필요한 정보를 수집하는 일은 쉽지 않다. 필요한 정보를 적합한 시기에 수집하기 위해서는 시간과 비용을 초래한다. 정보는 구입, 방문, 상담, 조사, 관찰 등의 방법을 통해 수집할 수 있다. 가장 어려운 방법은 설문이나 인터뷰 등에 의한 직접 수집방법이다. 정보 수집을 하는 사람은 적합한 정보를 얻기 위해 다음 사항을 고려해야 한다.

- 목적을 달성할 수 있는 적합한 시간에 적절한 정보가 제공될 수 있는가?
- 정보의 신뢰도가 높은가?
- 정보가 산재되어 있지 않고 체계성을 갖추고 있는가?
- 비교적 용이하게 구할 수 있는가?
- 얻고자 하는 이익과 비교하여 정보의 가치는 적절한가?

정보 분석

정보 분석은 정보의 종류와 내용을 일정한 룰에 따라 분류하고 원하는 목적을 달성하기 위해 보기 좋게 정리하는 작업이다. 정보 분석은 정보 활용에 그 목적이 있다. 어떻게 수집된 정보를 분석하고 가공하는가에 따라 보고서와 결과물의 차이가 나타난다. 최근 기업에서는 빅데이터를 강조하지만, 수많은 자료 중에 유의미한 자료를 찾아 일정한 원칙을 적용해 제대로 된 보고서를 만드는 것은 다른 역량이다. 데이터를 수집하는 것보다 어떻게 데이터를 의미 있는 결과물로 활용하는가에 더 큰 가치를 두고 있다.

정보 분석을 하는 방법은 크게 3가지로 구분할 수 있다.

첫째, 분류를 이용한 정보 분석으로 수집된 자료를 유사한 것끼리 모아 체계화하여 정리하는 방법이다. 둘째, 목록을 이용한 정보 분석으로 정보에서 중요한 항목을 찾아 기술한 후 정리하는 방법이다. 셋째, 색인을 이용한 정보 분석이다. 정보 분석은 결과물을 유의미하게 해야 한다. 그러므로 정보 분석을 할 때 유의해야 할 점은 다음과 같다.

- 수집된 정보를 목적에 따라 선택하고 분류해야 한다.
- 다양한 자료를 분석하되, 효율적으로 검색할 수 있도록 분류해야 한다.
- 분석된 자료는 객관적이고 정확해야 한다.
- 결과물의 질을 높이기 위해서는 정보의 가공이 무엇보다 중요하다.
- 변화의 추이를 따라가며, 변화에 뒤떨어지는 오래된 자료는 버려야 한다.

· 편협되지 않은, 일반적이고 종합적인 분석을 한다.

· 분석된 자료는 가능한 간결하게 한다.

· 분류기준을 너무 세분화하여 분류 자체가 찾기 어렵게 해서는 곤란하다.

🌱 정보 가공 및 체계화

정보 가공은 분석된 정보를 활용하기 쉽게 내용을 요약하고 가공 편집하며, 새로운 가치를 창출하는 작업이다. 1차 농수산물을 가공하여 새로운 형태의 제품을 만들어 내는 작업이라 하겠다. 정보를 가공하기 위해서는 선정된 자료를 관리하고 공유방법을 모색해야 한다. 어떤 방법으로 저장할 것인가 체계를 설계하고, 정보에 관한 표준화 작업을 해야 한다. 정보 가공 시 유의해야 할 점은 다음과 같다.

· 이용자가 이해할 수 있는 내용으로 가공해야 한다.

· 최신 자료를 우선으로 하되 표준화된 정보를 활용한다.

· 객관성이 없는 추상적 내용, 문장은 사용하지 않는다.

· 도표와 같은 시각적 효과를 높이는 것이 좋다.

· 이용자가 가공한 정보에 흥미를 끌 수 있도록 활용 방법의 차별화를 꾀한다.

🌳 정보 활용

정보 활용은 목적 달성을 위해 정보를 이용하여 구체적인 행동을 하는 일이며, 정보의 수집·분석·가공의 노력 이상으로 창의성이 있어야 한다. 정보 활용은 가공된 결과물들을 가지고 종합적이고 객관적, 논리적으로 달성하고자 하는 목표에 집중해 성과를 창출해야만 한다. 그러므로 정보 활용은 정보기기에 대한 이해와 최신 정보기술의 이해가 있어야 한다. 목적에 따른 정보를 선택하여 문제를 해결하는 능력, 필요로 하는 사람에게 발표하여 목적을 달성하는 소통능력도 매우 중요하다.

정보 활용을 잘하는 사람들은 다음과 같은 특징이 있다.

첫째, 정보에 대한 센스가 있다. 정보의 존재를 인식하고 필요한 정보인지 아닌지를 식별하는 인식능력이 뛰어나다. 이는 정보를 어디에 활용하고, 그에 따른 어떤 결

과가 도출될 것인가를 도출해 내는 능력이 뒷받침되어야 한다

둘째, 정보가공능력이 뛰어나다. 같은 자료를 가지고 작성된 보고서의 질적 차이가 확연할 정도로 정보 활용을 잘하는 사람은 정보기기의 활용을 잘할 뿐 아니라 결과물을 요약 정리하는 능력이 뛰어나다. 이들은 매우 복잡하고 체계가 없는 자료를 알기 쉽고 간략하게 핵심을 뽑아내는 역량이 있다.

셋째, 통합력이 뛰어나다. 다양한 정보를 전체적 관점에서 조정 통합하여 이용자가 사용하기 편하게 제공한다.

넷째, 목적에 부합하는 전달능력이다. 목적을 분명히 하고 이를 달성하기 위해 어떤 정보가 사용되었고, 어떻게 활용해야 하는가 분석과 설득 능력이 탁월하다. 이러한 전달능력은 내용 숙지뿐 아니라 말하는 태도와 음성, 시선 처리, 사전 연출, 전개 방법, 분위기 조성, 결론 강조 등 여러 스킬이 요구된다.

🌱 정보 평가

정보 평가는 수집된 정보가 어떤 정보매체를 통하여 어떤 정보로부터 발생한 것인가를 확인하여 정보의 신뢰성을 높이는 것이다.

정보 평가는 동일한 정보를 여러 정보원으로부터 입수하고 비교하여 평가하거나, 시계열적 정보를 취해 과거 똑같은 정보가 발생했는가를 비교하여 평가할 수 있다.

정보의 경제성 평가는 매우 중요한 의사결정 요소이다. 목적 달성에 따른 이익보다 정보 수집과 분석 등에 소요된 비용이 크다면 의미가 없다. 정보의 경제성 평가는 정보 수집의 용이성, 적합성, 정보의 질에 따라 평가는 달라야 한다. 또한 목적 달성이 주는 경제적 이득 또는 가치와 비교하여 정보의 단계를 구분하여 정보의 결과물 도출까지의 비용이나 가치를 분석할 수 있는 점검과 피드백이 반드시 있어야 한다.

 실천 가이드 – 정보전달 면에서 인사담당자가 말하는 자기소개서 기술법

- **간단명료하게 사실 위주로 작성하라** 한 문장으로 압축할 수 있는 내용을 화려한 수식어를 넣어 두루뭉술하게 표현하지 말라. 사실 위주로 간단하게 작성하는 것이 보다 더 임팩트를 줄 수 있다.

- **활동을 통해 배운 것을 기록하라** '어떤 활동을 했다'에서 그치지 말고 더 나아가서 그 활동을 통해 어떠한 발전과 성장을 했는지 서술하라. 많은 지원자들이 난관 극복에 대한 경험을 서술하곤 하는데 이때 '어떻게 됐다'는 결과만 쓰지 말고 과정 속에서 자신이 어떤 말과 행동을 했고 그것을 통해 무엇을 배웠는지 서술하는 것이 더 의미 있다.

- **자신만의 표현을 사용하라** 서류심사를 하면서 정말 많이 배운다. 특히 철학자들의 명언이 자주 언급된다. 그러나 이러한 내용들은 자기소개서에 불필요하다. 참신성을 저해하는 요인이 되기 때문에 삭제하거나 자신만의 표현으로 바꾸길 권하고 싶다.

- **장래포부는 개인과 회사의 비전을 조화롭게 연결시켜라** 장래포부는 대학원 진학처럼 단순한 개인 목표에서 그치지 말고 회사의 비전과 조화를 이룰 수 있는 방향으로 서술하길 바란다. 회사의 비전과 개인의 비전이 조화롭게 연결될 때 인사담당자는 고개를 끄덕이면서 평가를 할 수 있을 것이다.

- **기업에 대한 관심과 자신감을 어필하라** 학점처럼 바꿀 수 없는 부분들에 대해 너무 걱정하지 말라. 기업이 가장 중시하는 요소는 그 기업에 대한 관심과 자신감이다. 이 부분에 초점을 맞춰 준비하고 자신의 이야기를 잘 전달하길 바란다.

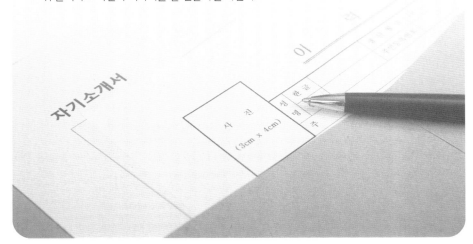

3 자원도 기술도 쓰기 나름이야_자원관리능력, 기술능력

A군	"일찍 일어나 열심히 검색하고 정리하며 많은 상황에 대한 답변 노트를 만들어 준비했지만, 이번에도 서류 통과도 못했어요. 지난 번 면접 통보를 받았는데 눈물이 났습니다. 3일 동안 거의 잠을 자지 않고 면접 준비를 했는데 탈락했습니다. 제가 무엇을 잘못했나요?"
B군	"취업 준비를 하면서 선배로부터 중요성과 긴급성을 중심으로 우선순위를 정하라는 말을 들었습니다. 취업만 하면 되지, 취업 준비에 중요성과 긴급성은 무엇이며, 우선순위를 정하라는데, 우선순위 정하는 원칙이 있나요?"
C군	"요즘은 신입공채도 직무중심으로 채용한다고 합니다. 기술에 대한 변화의 속도도 빠르고, 트렌드를 따라잡기가 어렵습니다. 기술의 새로운 정의가 요구됨에 따라 회사가 원하는 기술이 무엇인지 궁금합니다."

지원자 모두에게 주어진 시간은 동일하다. 다만, 어떻게 활용하는가의 차이이다.

취업을 앞둔 지원자들은 '한 곳만 합격하면 된다.'는 생각을 갖고, 할 수 있는 범위 내에서 이곳저곳 전부 입사지원서를 제출한다. 기존에 작성한 지원서를 보며, 회사명을 바꾸고 자기소개서 질문이 같으면 이전 회사와 새로운 회사의 내용이 같다. 이래서는 100번 입사지원서를 제출해도 100번 전부 떨어질 확률이 높다. 지원자가 해야 할 일은 시간이 많지 않음을 감안하여 사업의 본질, 회사와 직무의 선정, 회사와 직무에 대한 탐색, 3~5개 정도의 회사를 선택하여 집중적으로 탐구하는 것이 중요하다.

회사는 성과로 평가하고 그 결과에 따라 차등적으로 보상을 하기 때문에 성과를 낸 사람과 내지 못한 사람으로 구분할 수밖에 없다. 일 잘하는 사람 역시 성과와 역량으로 그 판단기준을 삼는다.

일을 잘하는 사람에게는 그들만의 차별화된 비결을 가지고 있었다. 같은 일을 하면서도 성과가 매우 달랐다. 주어진 직무를 완수하고 성과를 만들어 내기 위해 가용할 수 있는 예산, 인력, 정보, 물적 여건 등을 어떻게 운영할 것인가에 대한 기획, 실행력에서 많은 차이가 있는 것이다.

🌳 1단계: 기획의 차이가 성과의 차이를 낳는다.

지원자가 합격하기 위해 A~Z까지 혼자 다한다면 가장 무능한 지원자이다. 합격하는 지원자는 일의 바람직한 모습(조감도), 이 모습을 달성해 갈 수 있는 큰 골격(목차), 그리고 골격별 중점 포인트(키워드)를 중심으로 취업 준비를 한다. 이것이 기획력이다. 기획을 잘하는 사람은 다음 3가지 비결이 있다.

첫째, 자신이 주도적이고 자율적으로 아이디어를 낸다　시키는 대로 일을 추진한다면 기분도 좋지 않고 하기도 싫다. 자신이 고민한 과제나 프로젝트를 주도적으로 추진해야 한다.

둘째, 일의 수준이 보는 사람의 기대를 뛰어 넘는다　회사가 원하는 사원이 어느 수준인가를 명확하게 알고 그 이상으로 일의 수준을 가져가야 한다. 일의 양은 많은데 수준이 낮다면 인정받지 못한다.

셋째, 바람직한 모습을 달성하기 위한 현상분석과 명확한 계획을 수립한다　기획이 뛰어난 사람들은 추진계획이 분명하다. 스케치 페이퍼(Sketch Paper)를 통해 방향을 결정하고, 이른바 '기획의 삽질'을 원천적으로 차단한다. 이들의 추진계획을 보면 해낼 수 있다는 확신이 든다.

🌳 2단계: 실행이 힘이다.

실행력이 강한 사람들의 3가지 특징을 살펴보면,

첫째, 체크포인트와 리스트를 가지고 일 전체를 관망하고 조율한다　이들은 해야 할 일에 대한 체크리스트를 가지고 일 전체를 보며 최대한 효과적이고, 마감을 단축시켜 효율을 올리는 노력을 한다.

둘째, 자료 수집 단계에 강하다　일은 자료 수집-자료 분석-대안 설정-최적안 결정-잠재 리스크 점검 등의 절차를 거치는데, 이들은 자료 수집 단계에 가장 많은 시간을 쏟고 몰입한다.

셋째, 이해관계자와 부단한 소통이다　윗사람 입장에서 답답할 때는 일의 진행상태를 모를 때이다. 보고하지 않으면 알 수가 없다. 수행하고 있는 일의 진척사항을 간략하게라도, 수시로 보고하는 사람이, 일을 다 끝내고 두터운 보고서를 가져오는 사람보다 낫다. 이미 틀을 갖춘 보고서를 놓고 "왜 이러한 방법을 사용했고, 대안이 이것밖에 되지 않느냐? 구성원이나 고객이 이 프로젝트를 보면 뭐라 하겠느냐?" 등 끝난 일에 질문을 하면 답이 없다. 따라서 상사에게 수시로 보고하고 논의하는 과정을 통해 일을 하는 것은 조직의 축적된 경험과 다양한 시각을 담아낼 수 있어 만족스러운 산출물로 이어질 수 있도록 해준다고 할 수 있다.

🌳 3단계: 결과물 창출은 빠르고 예뻐야 한다.

사무직을 지원하는 지원자가 반드시 알아야 할 사항이 있다. 바로 사무직의 무기는 보고서와 말이다. 보고서를 통해 일의 시작과 결과를 정리하고, 말을 통해 이를 보고한다. 보고서를 남들이 따라갈 수 없을 정도로 명확하게 잘 작성하는 사람이 있는데 말을 너무나 못해 설명이 되지 않는다. 반면, 말은 번지르르한데 보고서는 형편없는 경우가 있다.

첫째, 마감은 최종 의사결정자를 감동시켜야 한다 조직장이 듣기 싫어하는 말 중의 하나가 "언제까지 할까요?"이다. 상사 입장에서 보면, 빠르면 빠를수록 좋은 것 아닌가? 언제까지 해야 하냐고 물으면 이렇게 대답한다. "나를 감동시켜라."

둘째, 보고서의 수준은 최고경영자의 수준에 맞춰져 있다 항상 최고경영자라면 어떤 수준의 어떤 프로세스를 원할까? 기대효과는 무엇이며 달성되었는가? 일을 추진하는 데 있어 바르고 효율적으로 했는가 등이다. 입사지원서도 마찬가지이다.

셋째, 모든 보고서가 예쁘다 A4용지에 10포인트 글자로 도표와 그림도 없이 빽빽하게 20페이지의 보고서가 작성되었다면, 한두 장 보다가 요약보고서를 만들라고 지시한다. 더 이상 보기 싫고 피곤하다. 보고서에 흐름이 있고 과정과 결론이 명확하며, 깔끔하고 알기 쉽게 정리되어 있으면 상사는 흐뭇하다.

🌳 4단계: 일의 마지막은 활용하고 홍보하는 데 있다.

사람들이 가장 못하는 단계이며 비결이다. 대부분의 사람들은 일을 마치고 결과

보고를 끝내면 더 이상 할 일이 없다고 생각한다. 그러나 뛰어난 사람은 다르다. 가장 중요한 일을 시작한다. 바로 자신이 한 일에 대한 기록과 활용이다. 매뉴얼을 만들거나 PPT로 한 일을 체계적으로 정리하고 이를 공유하며 활용한다.

첫째, 종료된 일을 매뉴얼과 파워포인트로 재작성한다 이들은 자신들이 한 일을 시작부터 끝까지 기록하고 정리하여 자신이 마친 일을 기억할 뿐 아니라 뒤에 누가 이 일을 한다면 보다 쉽게 할 수 있도록 도움을 준다.

둘째, 정리된 매뉴얼과 파워포인트를 업무관련자들과 공유한다 이들은 생각이 다르다. 내 소중한 것은 나만이 간직해야 한다는 생각이 없다. 내 것을 통해 남들이 성과를 낼 수 있다면 기쁘다고 말한다. 자신은 더 좋은 자료를 만들면 된다는 생각을 갖고 있다. 이를 통해 일 잘하는 사람의 성과물은 조직 내에 자연스럽게 드러나게 된다.

셋째, 매뉴얼과 파워포인트를 가지고 강의를 하거나 책을 쓰는 데 활용한다 기록만으로 끝나지 않고 이를 보다 생산적 활동에 활용한다. 이들은 강의안을 만드는 데 그렇게 많은 시간을 소요하지 않는다. 이미 같은 규격의 수많은 파워포인트 장표가 있기 때문이다.

누구나 일 잘하는 사람이 될 수 있다. 그러나 일 잘하는 사람은 몇 명일 뿐이다. 알고는 있지만 실천을 하지 않기 때문이다. 채용도 마찬가지이다. 수많은 기업을 지원할 수 있다. 그러나 결정은 회사가 한다. 회사가 어떤 기준으로 결정하는가를 안다면 보다 효율적이고 효과적으로 준비하여 합격가능성을 높이지 않겠는가?

실천 가이드

파레토 법칙이 있다. 전체 결과의 80%가 전체 원인의 20%에서 일어나는 현상으로,

• 전체 제품의 20%가 전체 매출액의 80% 차지
• 전체 고객의 20%가 전체 매출액의 80% 차지
• 업무투입시간의 20%가 업무성과의 80% 차지
• 전체 업무의 20%가 전체 성과의 80% 차지
• 국민 20%가 전체 소득의 80% 차지

시간의 활용도 파레토 법칙이 적용된다. 어떻게 효과적으로 시간을 활용했는가에 따라 성과는 큰 차이가 있다. 효과적인 시간 활용은 다음 7가지 착안점이 중요하다.

① 명확하고 구체적인 목표 설정, ② 목표 달성을 위한 구체적 계획, ③ 해야 할 일에 대한 목록 작성, ④ 우선순위 설정, ⑤ 핵심업무에 집중, ⑥ 빠른 템포, ⑦ 균형감각이다.

이 중 가장 중요한 것은 일의 중요도와 긴급성을 고려한 우선순위를 정하는 일이다.

일의 중요성은 업무수행의 결과를 조직과 개인의 성과 차원에서 바라보고, 그중 80%의 성과를 달성할 수 있는 20%의 업무가 무엇인지 파악하는 것이다.

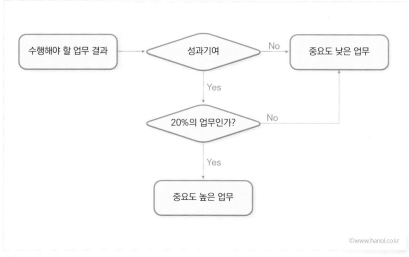

©www.hanol.co.kr

🖋 그림 10-3_ 성과기여 핵심업무 선정 절차

다음 중요한 하나는 일의 긴급성을 파악하는 것이다. 완료해야 하는 일자와 일자에 대한 통제 가능 여부를 고려하여 긴급성을 파악한다.

Chapter 11

선호 기업별
특성과 취업 준비

1 채용 프로세스 알기나 해

친구와 중국 여행은 한 달이나 준비하면서

H군은 졸업 여행을 준비하느라 정신이 없다. 취업 준비 중 친구가 2박 3일 중국 여행을 다녀 오자는 말에 "굿~" 하고 준비를 시작했다. 생각보다 많은 준비가 필요했다. 한 달 동안 아르바이트를 해서 자금을 마련했고, 여권과 비자, 갈 곳의 숙박, 여행 코스, 가져갈 짐 등을 준비하는 데 꼬박 한 달 반이 걸렸다.

H군에게 취업 준비를 한다고 하는데, 기업의 취업 프로세스를 알고, 각 프로세스별 무엇이 중점이며 어떻게 준비해야 하는가를 물었다. "2박 3일 중국 여행을 가기 위해 한 달 반이나 준비했으면서, 자신의 인생에 큰 영향을 주는 취업 프로세스와 준비사항을 제대로 모르는 것을 어떻게 설명해야 하는가?

기업의 채용은 크게 신입사원과 경력사원으로 구분된다. 국내 대부분의 그룹사의 경우는 서류전형 다음에 직무수행능력 TEST(예, GSAT) 등, 인적성 검사를 실시한다. 경력사원의 경우, 본인의 동의하에 신용평가를 실시하고, 처우협의 과정을 거친다.

신입사원과 경력사원은 채용의 목적부터가 다르다. 신입사원의 경우에는 회사의 철학과 조직문화를 승계하는 우리 직원을 선발하여 우리가 육성하겠다는 의지가 강하다. 반면, 경력사원은 바로 실무에 배치되어 일을 할 수 있는 사람을 선발하겠다는 의지가 강하다. 그러므로 신입사원에게는 바른 인성에 보다 초점을 두게 된다. 도전적이고 창의적인 사람인가? 근면하고 성실한 사람인가? 회사의 핵심가치에 부합되는 올바른 인재를 선호하게 된다. 경력사원은 일에 대한 전문성에 중점을 둔다. 즉시 현업에 배치되어 일의 성과를 올릴 수 있는 사람인가 살피게 된다.

신입채용 프로세스

충원요청 → 채용계획 → 모집 → 서류전형 → 인적성검사 → 면접전형 → 신원조회 신체검사 → 채용

단계	내용	결과물	보고
충원요청	• 인력규모, 스펙, 투입시기 등	충원요청	주관부서
채용계획	• 채용계획수립, 집행예산편성, 일정수립	채용진행품의	주관부서
모집	• 홍보 및 리쿠르팅	–	주관부서
서류전형	• 1차 HR, 2차 현업	서류전형 결과	주관부서
인적성검사	• 전문기관과 협조하여 실시	검사 결과	주관부서
면접전형	• 1차: 프레젠테이션 면접, 토론면접 • 2차: 임원면접 • 2차 면접결과는 최종 보고서로 CEO 득결	면접 결과	주관부서 (CEO)
○○ 신체검사	• ○○○ ○○; ○○그룹 협조하여 실시 • 신체검사; ○○의료원(서울, 마산)	– 신체검사 결과	주관부서 –

경력채용 프로세스

충원요청 → 채용계획 → 모집 → 서류전형 → 1차 면접 → Reference Check → 2차 면접 → 처우 협의 → 신체검사 → 채용

단계	내용	결과물	보고
충원요청	• 인력규모, 스펙, 투입시기 등	채용요청	주관부서
채용계획	• 채용계획수립, 집행예산편성, 일정수립	채용진행품의	주관부서
모집	• 홍보 및 리쿠르팅	–	주관부서
서류전형	• 1차 HR, 2차 현업	서류전형 결과	주관부서
평판조회	• HR 자체적으로 실시 • 1차 면접합격자에 한해 실시하고, • 1차 & 2차 면접 동시진행 시 2차 면접 후 실시	보고서	주관부서
면접전형	• 1차: 기술면접; 기술 & 업무수행능력평가; 현업 • 2차: 인성면접, 인성 & 조직적응력평가; 임원 박사급/특수인력 채용 시 CEO 득결	면접 결과	주관부서 (CEO)
○○ 신체검사	• 신체검사; ○○병원	– 신체검사 결과	주관부서 –

🌀 그림 11-1_ 신입사원 채용과 경력사원 채용 프로세스

2 기업의 면접전형 프로세스와 특징

　면접전형 프로세스는 채용부서 또는 채용담당부서에서 담당자가 채용 진행순서와 유의사항 그리고 좌석배치와 이동동선 등을 안내하고 면접에 필요한 기본사항에 대해 교육을 실시한다. 한편 기업 내부적으로는 면접이 시작되기 전에 선발된 면접위원을 대상으로 채용면접 일정을 비롯한 면접방식과 평가 주안점 등 교육을 실시하게 된다. 통상 기업에서의 채용면접을 진행하는 과정에서 수행되는 절차를 소개하면 다음과 같다.

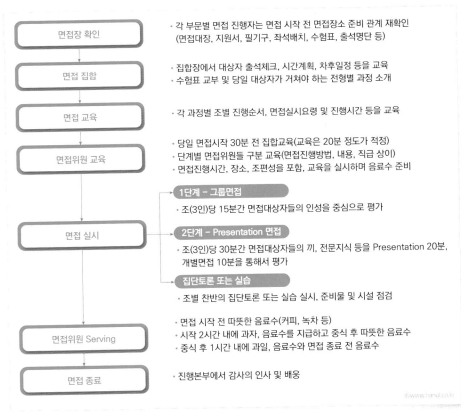

　그림 11-2_ 면접위원의 운영절차 프로세스

① 면접관도 많이 준비한다.

1) 사전 준비

1 면접 대상자의 기본사항 등을 사전 확인
   가) 면접대장에 기록된 성명, 연령, 취미, 특기, 병역관계, 희망직군 등을 미리 확인하여 예비지식을 갖춘다.(면접대장상의 의문사항에 대해서는 면접을 통해 확인한다)
   나) 학력제한을 철폐한 능력중심 평가의 열린 채용으로 인해 면접 시 학력에 관한 질의는 삼가야 한다.

2 수험자가 입장하는 순간부터 면접이 시작되는 것이므로 수험자의 모든 언동을 세밀히 관찰해야 한다.
   가) 입구에서 착석위치까지 걷는 태도, 인상, 균형
   나) 좌석 앞에서 수험번호, 성명을 말하는 자세
   다) 앉아있는 자세, 용모, 혈색, 음성, 말하는 태도
   라) 나갈 때의 뒷모습, 행동 특성

3 가능한 질문을 간격 없이 하여 솔직한 답변을 유도해야 하며, 결점으로 보이는 사항, 확신이 가지 않는 부분은 집중적으로 질문하여 관찰한다.

4 면접위원은 말하는 것이 아니라 말을 시키는 형태가 되도록 질문해야 하며, 평가목적에 부합되는 질문만 하도록 한다.

5 면접위원은 수험자와 지면이 있더라도 면접장소에서 친분관계를 나타내는 말이나 태도를 보여서는 안 된다.

6 중요한 사항은 반드시 메모하여 최종 평가에 참고하도록 한다.

7 수험자가 퇴장하고 있는 중에 혼자서 또는 면접위원과 대화를 삼가야 한다.

8 기본 인품과 직군별 요구 적성을 종합판단하여 최종 평가한다.

2) 면접장 확인

• 각 부문별 면접 진행자는 면접 시작 전 면접 준비 사항을 재확인한다(면접대장, 지원서, 필기구, 좌석배치, 수험표, 출석명단 등).

3) 면접관 집합 안내

1 집합장에서 대상자 출석 Check, 시간계획, 차후 일정 등을 교육
2 수험표 교부 및 당일 대상자가 거쳐야 하는 전형별 과정 소개

4) 면접 교육

· 각 과정별 조별 진행순서, 면접실시요령 및 진행시간 등을 교육한다.

② 면접단계별 면접 운용 내용

기업에 따라 면접 참여인원, 시간, 면접 질문방식 등 운영방식이 다를 수 있다. 사전에 지원기업의 면접방식의 특징을 정리해 두면 면접장면에서 심리적 안정감을 가질 수 있을 것이다.

표 11-1_ **단계별 채용 면접 구성 내용**

구분	1단계 면접(인성 면접)	2단계 면접(프레젠테이션 면접)

면접위원	· 임원급 3명
	  – 필요시 외부인사 1명 포함
		· 팀장급 2명
		  – 과장~부장의 팀원급 2명

면접인원 및 시간	· 3인 15분 → (5분/인)	· 3인 30분 → (10분/인) · 프레젠테이션 15분 · 문답 15분
중점 평가사항	· 도덕성, 성실성, 책임감 등 기본인품, 성격, 자세를 평가	· 문제해결능력 · 창의성 · 전문성 · 활용성
면접 방법	· 회사 중심법 면접 수험자	· 수험자 중심법 면접 수험자 · 수동적 면접 → 능동적 면접

구분	1단계 면접(인성 면접)	2단계 면접(프레젠테이션 면접)
특징	• 단시간에, 압축된 질문을 통해 수험자의 인품 평가(압박면접) • 외부인사의 면접 참여로 면접평가에 대한 객관성 및 신뢰도 제고	• 수험자가 자유롭게 자신의 소신, 경험, 포부 등을 발표 • 긴장감이 적어 본연의 자세를 볼 수 있고 상호 비교평가가 용이 • 수험자 중심의 면접으로 수험자의 면접평가에 대한 신뢰도 제고
기타	• 기본인품(도덕성, 성실성, 책임감)은 회사의 기본요건으로서 변함없는 전통으로 계승, 발전되어야 함	• 직군별 전문성 평가가 용이 • 변화를 주도하고 경쟁에 이기기 위해서는 일정한 '틀에 맞는 사람'보다는 변혁을 추구하고 개성과 다양성을 지닌 인재가 필요함

3 면접자에 대한 평가 가이드

지원자는 여러 회사를 선택할 수 있다. 그러나 결정은 회사가 한다. 지원자 입장에서는 회사가 어떤 기준과 심사방법으로 선발하는가를 알고 있다면 그만큼 유리하다. 입사지원서와 면접의 선발기준과 심사방법은 다르다.

지원자 입장에서 이러한 기준과 심사방법을 알기는 쉽지 않다.

기업은 장기적인 안목에서 특징 있고 유능한 인재로 판단되면, 지금 약간의 결점이 눈에 띄더라도 과감히 채용함으로써 일반적이고 평범한 사람을 다수 채용하는 것보다 개성 있고 탁월한 사람을 한 명이라도 놓치지 않도록 하고 있다.

면접에서의 평가방식은 기업별로 조금씩 다를 수 있다. 평가항목별로 배점을 설정하고 총 점수 최대 100점을 기준으로 점수를 부여하고 복수의 지원자 중 점수가 우수한 지원자를 결정하는 경우가 있는가 하면 합격과 불합격의 전제를 두고 해당되는 판단기준을 기술하여 이를 기준으로 등급을 부여하도록 운영하는 기업이 있다. 후자의 경우 평가자의 판단이 보다 용이한 점이 있다. 다음은 평가자의 합격/불합격을 구분하여 이에 해당되는 판단기준에 등급을 부여하는 방식의 예시이다.

표 11-2_ 면접 대상자 평가등급 부여 기준

표 11-2_ 면접 대상자 평가등급 부여 기준

구분	판단기준	평점기호
합격	· 꼭 합격시키고 싶다.	A
	· 아주 우수하지는 않으나 나의 후배사원으로서 함께 일하고 싶다.	B +
판단하기 어렵다	· 판단하기 힘드나 합격시켜도 무방하다.	B
	· 자질은 다소 떨어지나 결정적인 결함은 보이지 않는다.	B -
불합격 (사유 필히 기재요망)	· 합격시켜서는 안 되겠다.	C
	· 결정적인 문제점이 보이므로 반드시 불합격시켜야겠다.	D

주 1) 면접평점은 합격 또는 불합격이 명쾌한 결론이 날 수 있도록 판정
　 2) C평점 2회 이상, D평점 1회 이상 받을 경우는 불합격 조치(D로 평가하는 경우 그 사유를 반드시 명기하도록 조치한다)

3 주요 기업 사례별 채용 프로세스와 특성

1 A사

A사는 지난 2021년 9월 "COVID19 이후 향후 3년은 새로운 미래 질서가 재편되는 시기가 될 것"이라며 "미래를 열고 사회와 함께 나아가는 기업으로서 투자와 고용, 상생을 통해 대한민국 경제와 사회 전반에 활력을 높여 회사에 대한 국민적인 기대와 바람에 부응하겠다."며 "향후 3년간 240조원 신규 투자와 청년고용 문제해결을 위해 3년간 4만 명을 직접 채용한다."고 밝혔다. A사의 이러한 결정은 협력업체뿐 아니라 국내 기업에 미치는 파장이 큰 만큼 지원자 입장에서는 매우 반가운 소식이다.

1) A사의 채용 프로세스

A사의 채용 프로세스는 크게 2가지로 살필 수 있다. 하나는 내부 채용절차이다. 인사부서는 인력운영계획과 현업의 충원요청에 의해 채용계획을 수립한다. 다른

하나는 모집부터 채용까지의 절차이다. 신입사원의 경우에는 1957년 공채를 시작으로 5대 그룹 중 유일하게 공채제도를 유지하고 있다. COVID19의 영향으로 2020년부터 필기시험인 직무적성검사인 GSAT(Global Samsung Aptitude Test)를 온라인 방식으로 진행하고 있다. A사는 원서접수를 시작으로 서류 전형, GSAT, 면접 순으로 진행하고 있다.

A사의 채용 프로세스는 다음과 같다.

그림 11-3_ A사의 채용 프로세스

타 기업과의 가장 큰 차이는 바로 직무적성검사(GSAT)이다. GSAT(Global Samsung Aptitude Test)는 이틀간 총 4개 조로 문제를 달리해 진행된다. 수리 20문항, 추리 30문항 등 모두 50문항이다. 시험시간은 사전점검 60분, 시험 60분 등 약 2시간이다. 2020년부터 기존 4개 영역(언어, 수리, 추리, 시각적 사고)에서 언어와 시각이 빠지고 수리와 추리 2개의 영역으로 출제범위가 바뀌었다. 시험시간도 1시간(영역별 30분)으로 변경되었고, 시험 진행 방식도 비대면으로 진행한다. 수리영역에서 응용수리보다 자료해석 부분이 대폭 증가하여 시험 난이도 조정이 있는 편이다. 2021년에 시행된 GSAT 문제출제빈도를 참고해보면, 수리영역은 총 20문제가 출제되었으며, 응용수리가 3문제, 자료해석이 17문제가 출제되었다. 추리영역 비중은 총 30문제가 출제되었으며, 조건추리 11문제, 도형추리 3문제, 도식추리 5문제, 언어추리 3문제, 논리추리 8문제가 출제되었다. 조건추리 문제 출제 비중이 높고 문제풀이 시간도 오래 걸리기 때문에, 해당 영역에서 당락이 결정되는 경우가 많다. 서류전형을 통과한 지원자의 대부분이 직무적성검사에서 탈락하게 된다. 최종 합격자의 3배수 정도가 필기시험을 합격하여 면접에 응할 수 있다.

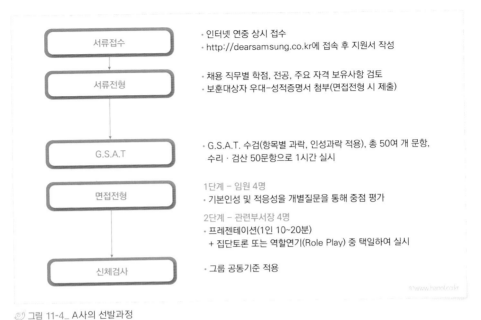

서류접수	· 인터넷 연중 상시 접수 · http://dearsamsung.co.kr에 접속 후 지원서 작성
서류전형	· 채용 직무별 학점, 전공, 주요 자격 보유사항 검토 · 보훈대상자 우대-성적증명서 첨부(면접전형 시 제출)
G.S.A.T	· G.S.A.T. 수검(항목별 과락, 인성과락 적용), 총 50여 개 문항, 수리 · 검산 50문항으로 1시간 실시
면접전형	1단계 - 임원 4명 · 기본인성 및 적응성을 개별질문을 통해 중점 평가 2단계 - 관련부서장 4명 · 프레젠테이션(1인 10~20분) + 집단토론 또는 역할연기(Role Play) 중 택일하여 실시
신체검사	· 그룹 공통기준 적용

◎ 그림 11-4_ A사의 선발과정

2) 입사지원서의 자기소개서 질문 문항

A사의 입사지원서의 질문은 매년 입사하는 회사와 직무에 따라 약간의 차이를 보이고 있으나 크게 3가지로 살필 수 있다. 첫째는 자신에게 영향을 준 사건이나 중요인물이다. 둘째는 사회적 이슈이다. 셋째는 지원자의 직무에 관한 지식이나 경험이다.

2021년도 A사 자기소개서 질문은 다음과 같다.

1 본인의 성장과정을 간략히 기술하되, 현재의 자신에게 가장 큰 영향을 끼친 사건, 인물 등을 포함하여 기술하시기 바랍니다.

2 최근 사회 이슈 중 중요하다고 생각되는 한 가지를 선택하고 이에 관한 자신의 견해를 기술해 주시기 바랍니다.

3 지원한 직무 관련 본인이 갖고 있는 전문지식/경험(심화 전공, 프로젝트, 논문, 공모전 등)을 작성하고, 이를 바탕으로 본인이 지원 직무에 적합한 사유를 구체적으로 서술해 주시기 바랍니다.

자기소개서는 자기 이야기를 진솔하게 작성한다고 합격하지는 않는다. 회사가 알고 싶은 것은 회사생활과 직무수행을 함에 있어 자신들의 철학이나 원칙, 요구하는 수준에 지원자가 합당한가를 살펴보는 것이다. A사가 추구하는 철학이나 원칙에 부합하고, 자신이 함께 근무하고 싶은 사람인가 판단할 수 있도록 작성되어야 한다.

3) A사의 면접

A사는 면접 1회로 합격을 결정하는 원데이 면접을 취하고 있다. A사의 면접은 크게 인성면접, PT면접, 창의성면접을 실시하고 있다.

인성면접은 임원들이 지원자에게 조직 적응과 관련한 열정과 창의력, 패기, 근면과 성실 등의 질문을 실시한다. 강한 인상을 남기겠다고 너무 튀는 행동과 답변은 감점 요인이 될 수 있다. 보이지 않게 A사는 합리적이며 경쟁적 조직문화를 지니고 있지만, 조직의 틀 속에 적응하고 엄격함도 무시할 수 없다. 개인의 창의와 자유로운 발상도 중요하지만, 모든 것이 시스템으로 돌아간다고 보면 더 옳다. 사업부 하나가 어지간한 대기업보다 크다. 그런 만큼 시스템에 자신을 맞추는 사람을 원한다.

PT면접은 직무에 대한 전문성의 수준을 알기 위해 실시한다. 보통 현업에 있는 10년 차 이상의 직무 전문가이자 실무자들이 면접관으로 참여한다. 자기가 담당하는 실무에 대한 질문을 매우 집요하게 파고들기도 하지만, 대체적으로 일반 수준에서 직무에 대한 트렌드와 직무역량 향상을 위해 어떤 노력을 해왔는가, 어떻게 직무 전문가를 지향하는가 등 폭넓은 질문을 한다. 지원자 입장에서는 어설프게 아는 척하거나 분명하게 논리성을 갖지 못하고 답변하는 것은 어리석은 행동이다. 모르면 모르겠다고 솔직히 말하고 아는 부분에 대해 명확하게 답변하는 것이 바람직하다.

2016년 상반기부터 창의성면접이 도입됐다. 문제는 두 문제다. 첫번째 문제는 본인이 창의성을 발휘한 경험을 면접관 앞에서 이야기하는 것이다. 두 번째는 연관성이 없어 보이는 두 가지 상황을 지문으로 제시하고, 이 둘을 결합해 새로운 제품이나 서비스를 만들고 이름도 붙여보라는 내용의 문제가 나온다. 창의성면접은 직접적으로 합격·불합격을 심사하기보다는 보다 우수한 답변을 한 지원자에게 가산점을 주는 방식으로 평가에 활용한다고 보는 견해가 많다.

표 11-3_ A사의 인성면접 질문 사례

평가항목	세부 평가항목	평가기준 및 착안점	예시 질문
인 간 미 / 도 덕 성	조직 적응 기업관 조직관 주인의식 희생정신 Loyalty	• 조직원으로서 의무/책임감 및 주인의식을 가지고 있는가? • 기업활동에 대한 올바른 신념과 태도를 가지고 있는가? • 전체의 목적을 위해 자신을 양보(희생)할 수 있는가? • 소속집단에 대한 긍지와 자부심을 갖고 있는가?	**1. 기업/조직에 대한 지식** • 선진국의 경우 기업가들이 국민들로부터 존경을 받지만 우리나라의 기업가들은 그렇지 못하다. 그 이유는? • 사회발전을 위해 기업이 가장 우선해야 할 일은? • 기업의 사회적 책임에 대한 본인의 생각을 얘기해 보라. • 30대 기업에 대한 정부규제의 필요성에 대한 의견은? • 구조조정의 필요성에 대한 의견은? **2. Loyalty** • 자신의 생활이나 신념이 회사업무방침과 배치되는 경우, 어떻게 하겠는가? 상사가 자신의 취미생활을 강요한다면? • 내부고발자 보호에 대한 사회적 관심이 커지고 있는데, 이에 대해 어떻게 생각하는가?
적극성/ 열정	주도성 적극성 열정 추진력 도전성 목표의식 성취욕	• 사회변화에 대해 적극적인 관심을 보이는가? • 새로운 환경에 대해 도전성, 적극성 및 실천력이 있는가? • 명확한 목표를 설정하고 달성을 위해 노력하는가(했는가)? • 태도에서 소신/주관이 느껴지는가?(능동적 ↔ 수동적/소극적) • 주장에서 흡인력이 있는가?	**1. 변화선도** • 디지털 시대에 기업과 개인에게 요구되는 것은 무엇인가? • 그러한 요구에 대비하여 무엇을 준비하고 있는가? • 사회에서 가장 시급히 개선되어야 하는 부분이 있다면? • 그 이유는? 그리고 개선 방안은? **2. 적극성/목표의식/열정** • 지금까지 살아오면서 가장 힘들었던 일은? 어떻게 극복했는가? • '열등감(어려웠던)'을 느끼고 이를 극복한 경험은? 어떻게 극복했는가? • 장기적인 Vision이나 계획을 가지고 준비하고 있는 것? 구체적으로 그것을 위해 들인 노력, 성과 등? • 입사 후 당신의 Vision은 무엇인가? (5년 후, 10년 후 자신의 모습은?)

PT면접 예- Presentation 주제 선정

면접 대기시간에 전공에 따라 주어진 5개의 전문성 있는 주제 중 1개를 본인이 직접 선택하며, 주제는 전공별로 발생할 수 있는 상황을 중심으로 구체적이고 시사적인 내용으로 출제한다.

> **문1** 서울 본사와 동경지점을 정보시스템으로 연결하고자 한다. 만일 귀하가 이 업무를 추진할 경우 가장 크게 고려할 요소는 무엇인지 3가지만 들어 설명하시오.(소프트웨어 관련 전공의 경우)
>
> **문2** 영업맨으로서 누군가를 벤치마킹을 한다면 누구를 대상으로 할 것인가? 그 이유를 자신의 포부와 관련하여 설명하시오.(상경 계열인 경우)

지원자의 전문지식, 경험, 개성, 창의력을 바탕으로 주제에 대한 Presentation(5분간)을 구성할 수 있는 내용을 선정하며 전공별 주제 해결능력, 전문성, 활용성, 창의성 등이 평가되도록 하되, 특정인에게만 유리하지 않도록 하고 있다.

🌀 그림 11-5_ A사의 프레젠테이션 면접 절차

2 **B사**

B사는 정기공채제도를 이어오다가, 2017년 상반기 채용 전환형 인턴과 하반기 정기공채를 실시하였다. 2018년 상반기 인턴, 하반기 정기와 상시공채 병행 운영을 하였고, 2019년부터 B사는 직무중심 상시공채로 전환하였다.

B사가 상시채용으로 바꾼 이유는 산업 환경의 빠른 변화에 대응할 필요성, 직무 전문성에 대한 니즈 증가, 우수 인재 확보에 대한 경쟁 치열이다. 이를 위해 각 부문별 필요 시점에 모집을 실시하고 HR 부서와 현업이 모든 채용과정을 직접 진행하게 되었다. 공고 단계부터 직무 부서를 구체화하였고 입사에서 배치까지 5개월 소요되던 기간을 2개월 내외로 대폭 축소하게 되었다.

1) 채용 프로세스

🖱 그림 11-6_ B사의 채용 프로세스

B사의 채용 프로세스는 크게 4단계이다.

현업은 채용계획안을 수립하고 전형 진행 및 각 단계별 합격자를 선정한다. HR부서는 인력규모 및 채용계획안 검토, 전형 운영 지원, 각 단계별 감독, 채용 홍보를 진행하고 있다. 각 단계별 운영 포인트는 다음과 같다.

2) 지원자 모집

구체적인 직무기술서 작성, 직무역량을 파악할 수 있는 자기소개서 문항 구성, 선발 조직 특성에 맞는 채용 전형 설계, 채용 포털 / 채용 SNS / 직무별 커뮤니티 등 타깃을 정해 홍보를 실시한다.

3) 서류 전형

각 현업 팀에서 직접 자기소개서를 검토한다. 공정성 강화 차원에서 직무와 관련된 최소한의 정보만 제공한다. AI 자기소개서 분석시스템을 통한 불성실 지원자 식별, 지원자별 특정 문장이나 성향을 파악하고 있다.

4) 면접 전형

면접은 직무역량 면접을 실시하며, 선발 대상의 현업 팀에서 직접 면접을 진행한다. 실제 프로젝트 사례 등을 바탕으로 질문을 하며, 직무이해도와 조직적합성 등 종합적으로 심사한다.

AI 역량평가를 직무별 상이하게 실시하여 현업 팀의 면접 객관성 및 해당 지원자 역량 파악을 지원한다.

5) 최종 선발

인재선발협의체를 운영하여 최종 합격자의 선발 적절성을 리뷰하고, 채용 절차의 공정성과 객관성을 검토한다. 공고 단계부터 입사 시점이 상이하여 개별 입사 및 현업 배치를 실시하고, 교육은 최소화하고 있다.

6) 기타 채용을 위한 노력들

B사는 지원자와의 커뮤니케이션 강화를 위해 채용 홈페이지에 1:1 문의 대응을 하고 있으며, 서류 합격자를 대상으로 카카오톡 회사 공식 오픈채팅방을 운영하여 개별 문의에 대응하고 있다. 또한 최종 면접 불합격자 대상으로 개별 피드백을 가능한 제공하고 있다.

🦋 표 11-4_ B사 채용공고_참고자료

채용 직무

부문	분야	직급	근무지역
재경	예산 수립 및 관리 / 재경전략	매니저 (G1)	서울(양재)

조직 소개

　재경기획팀은 전사 예산 계획 수립 및 관리를 통해 자원의 효율적인 배분 및 의사결정을 지원하고, 주요 사업 의사결정 관련하여 재경본부의 전략적 기능을 수행하는 조직입니다.

담당 업무

연간 예산 수립
• 연간 전사 예산 계획을 수립하여, 당사 수익성 목표 달성 지원 및 전사 자원의 효율적 운영 도모

비용 집행 실적 관리
• 1월 / 분기 / 연간 비용 결산 진행 및 계획 대비 분석을 통해 경영층의 효율적 의사결정 지원

주요 사업 의사결정
• 검토 · 주요 사업 의사결정 관련 검토 및 보고 등, 재경본부 전략적 기능 수행

지원 자격

필수 사항
• 2021년 8월 졸업 예정 또는 기 졸업자 (학사 또는 석사) 공인영어 성적 보유자 (공고 마감일 기준 유효한 성적)
• TOEIC/TOEIC Speaking, OPIC, TOEFL, TEPS/TEPS Speaking, SPA + 1H01A 해외여행 또는 비자 발급 요건에 결격사유 없는 분, 남자는 병역필 또는 면제되신 분에 한해 지원 가능합니다.

우대사항
• 상경계열 전공하신 분 · 비즈니스 영어 가능하신 분

기타
• 다양한 부문과의 원활한 협업을 위한 커뮤니케이션 능력을 보유하신 분
• 적극적이고 능동적인 문제해결력을 보유하신 분
• 합리적 / 이성적 논리 사고가 가능하신 분
• 다양한 데이터를 세밀하게 분석하고, 창의적으로 사고하는 능력을 보유하신 분

3 C사

C사의 채용 트렌드는 크게 3가지로 살펴 볼 수 있다. ① 직무중심 수시채용, ② AI 평가, ③ 비대면 채용이다.

1) C사의 직무중심 수시채용

기업의 공채와 수시채용의 흐름을 보면 1957년 삼성이 공채를 시작으로 추천서 기반의 채용에서 직무역량이 부각되고 지금은 직무중심의 수시채용이 진행되고 있다.

그룹공채 시작
· 공정한 채용이 필요
· 계열사 급속한 팽창
· 그룹 입사 후 회사선택

1950년대

탈스펙
· 서류전형 폐지, 블라인드 면접, 자기소개서, 직무적성검사

1990년대

직무중심 수시채용
· 인력필요부서가 직접 채용
· 특정 시기가 아닌 필요시기

2020년대

1980년대

추천서 기반
· 선택학교별 추천서 제공
· 무작위 그룹형 채용

2000년대

직무역량 부각
· 대학생 인턴제도
· 자기 PR채용

그림 11-7_ C사의 채용 트렌드 변화

직무중심의 수시채용은 급변하는 ICT 비즈니스 환경에서 직무 전문성을 보유한 인재의 적기 확보와 직무기술서 기반의 직무중심 검증의 차별화가 더욱 요구되었기 때문이다.

C사는 직무중심 수시채용을 위해 홍보, 전형, 운영의 3단계 방안을 가지고 추진하고 있다. 홍보방안으로는 채용 시즌에 맞춘 집중 홍보로 매년 3, 9월 기준 공채 시즌에 맞춘 온/오프라인 채용설명회를 실시하고 있다. Passive Candidate 발굴을

위한 각종 경진대회와 공모전 인재를 발굴하고, 경험형 인턴십을 연계하고 있다. 지원자와의 관계 강화를 위해 채용홈페이지, Youtube, 카카오채널 등을 통하여 소통을 지속적으로 강화하고 있다. 서류전형은 경험기술서 기반으로 스토리 중심의 자기소개서에서 직무에 관련된 경험으로 정량적인 심사가 가능하도록 하였고, 직무관련 논문, 전공 과제, 프로젝트, 인턴십, 공모전, 포트폴리오 등의 경험을 보고 있다. 포지션별 직무 차별화 과제를 도입하여 직무별 평가방식을 디자인해 전형하고 있다. 운영 측면에서는 명확한 직무기술서를 제시하여 허수 지원자를 감소하게 하고 경험기술서 기반의 서류전형을 통해 빠르고 정확한 직무적합성 평가를 강화하고 있다. 직무 테스트와 사전 인터뷰를 통해 서류전형을 보완하고 있다.

2) AI 평가 도입

C사는 선발과정에 AI를 도입하면서 매년 바뀌는 서류전형 문제, ML(Machine Learning) 학습을 위한 데이터의 확보와 활용, 직무별 다른 평가기준의 적용, AI 평가 논의 외부 노출 등의 고민이 많았다. AI 평가를 도입한 후 지금은 AI 면접에 대한 다양한 서적과 고액 컨설팅까지 늘고 있는 상황이다.

🐚 그림 11-8_ AI 면접 평가 과정

3) 비대면 채용의 보편화

지금까지의 면접은 회사별 차이가 있지만, 개인면접, 개인 발표, 그룹 토의, 그룹 발표 등을 실행하며 면접위원은 통상 6명 이상이었고, 시간은 5시간 이상 소요되었다. C사는 "지원자의 안전을 확보하며 어떻게 우수한 인재를 선발할 수 있을까?"를 고민하며 4가지 원칙을 마련했다. 첫째, 안전으로 비대면 언택트 환경은 당연하다고 생각하고, 보안 솔루션을 강화하여 부정행위를 원천 차단하였다. 둘째, 안정으로 끊김없는 온라인 환경을 보장하고 이슈 상황별 대응 시나리오를 제공하고 있다. 셋째, 공정으로 동일 환경과 면접 Tablet을 제공하고 통신환경 격차를 해소하고 있다. 넷째, 온전이다. 기존 면접방식을 고화질 화상 통화 솔루션에서 유지되도록 하고 있다.

🐚 그림 11-9_ 면접 Kit 제공(Tablet, usim 등 면접용품), 면접 가이드북 제공

4️⃣ D사

1980년대 채용은 집단면접, 경영층 중심의 다대다 면접이었다. 단시간에 다수 를 평가해야 했고, 근면 성실을 중심으로 인성과 윤리, 화합을 중시하는 보통형 인재를 선발하였다. 1990년대에는 집단토론면접과 PT면접이 도입되었고, 양보다는 질적 평가로 전환되었다. 위기대응과 문제해결, 역량중심의 토론 등을 통해 집단면접의 한계를 보완하고 특출한 인재 선발의 계기가 되었다. 2000년대 이후는 개인능력 평가를 위한 직무중심의 역량면접이 주류를 이뤘다. 창조와 창의의 직무중심 역량면접으로 실무면접의 중요성이 부각되었다. 종합역량을 보유한 인재채용이 주가 되

었다.

2014년 1월 제정된 「채용 절차의 공정성에 관한 법률」에 의해 채용광고는 거짓 금지, 불리하게 변경 금지, 채용 후 근로조건 불리하게 변경 금지가 시행되었다. 서류접수도 접수사실을 고지하고, 전형 심사 시 심사비용 회사 부담, 채용 일정 및 과정 고지, 채용 여부 고지가 의무화되었다. 서류는 반환 청구 시 14일 이내 반환하고 180일 이내 파기해야만 한다. 지원자의 개인정보보호 조치도 강화되었다.

최근 대기업 대부분은 직무중심의 수시 및 상시 채용이 일반화되고 있으며, 전문성을 갖춘 핵심인재 채용을 위해 현업 부서의 역할이 강화되고 있다. COVID19의 영향으로 비대면 채용이 일반적인 특징이다.

1) D사의 채용 전략

D사는 채용의 방향성을 디지털 인재의 획기적 확대, 직무 & 수요 기반 채용 강화, 인재 선발 패러다임 전환으로 정하고, 디지털 인재 전방위 확보, 전문성 및 경력중심 채용 확대, 언택트 중심의 채용 방식 변화, 찾아가는 채용 본격화를 과제로 추진한다.

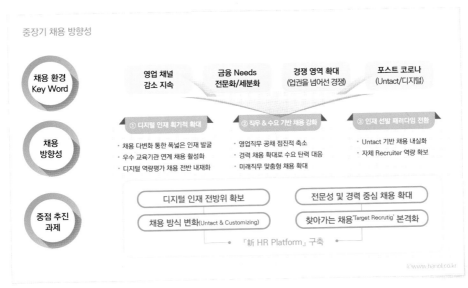

🐌 그림 11-10_ D사의 채용 전략

기업금융/ WM 신입행원 공채의 경우 포스트 코로나 시대를 위해 필수적 대면 전형 외 평가 전형의 언택트 전환을 추진하고 전통적 대면 면접 방식을 탈피해 새 환경에 맞는 채용을 실시하고 있다.

🦋 표 11-5_ D사의 채용 변화

	전통 방식 As-Is	변화 방향 To-Be
필기 전형	**대규모 집합 필기시험** · 전국 5대 도시 동시 집합 응시 · 10개 수준의 고사장(학교) 대관 필요 · 시험지 인쇄, 전국 감독관 파견 등 물적 / 인적자원 소요	**온라인 필기시험** · 인터넷 기반, 재택 응시 가능 · 시스템 제어, 실시간 화상 모니터링 통한 효율적 감독 가능 · 사회적 비용 축소, 응시자 편의 증대
직무적합도 면접	**집합대면면접** · 지원자 집합 후 집단별 대면 면접 (연수원 or 본점 활용) · (집단토론) 면접 통해 지원자 소통, 협업능력 평가	**온라인 화상면접기** · 화상면접 + AI 역량평가 실시(변별력 제고) · 면접장소 자율화로 지원자 편의 증대 · 면접인원 000명 가정 시 소요기간 최소 약 2주 필요
최종면접	**집단면접** · 지원자 다수를 한 조로 구성, 동일 공간 / 동시각대 · 면접 진행 대규모 공채에 적합한 방식	**1인 개별면접** · 면접 시각 분리, 지원자 간 접촉 최소화 · HR 인터뷰(채용담당자) 실시 · Untact 한계 보완, 지원자 다각도 평가

2) 전문분야 Bespoke 맞춤형 수시채용

해당 분야를 가장 잘 이해하는 현업부서로 채용 권한 일부 위임(특화 커리큘럼 활용 맞춤형 인재를 선발토록 하고 있다). 창의적이고 현장 중심의 채용방식을 사전 점검하고 각 분야에 최적화된 채용 툴로 자리매김했다.

3) 전문분야 상시지원 제도 운영

D사는 수시채용 강화를 위한 직무 특성에 따른 IB 콘테스트, PT면접, 에세이, 통계 프로그램 평가, 선배와의 미팅 등 특화 프로그램을 운영하고 현업부서 주관의 채

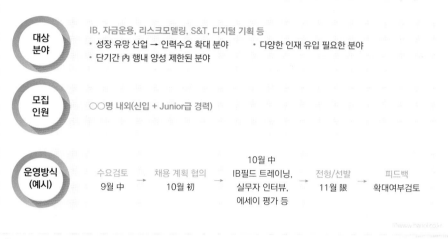

대상
분야

IB, 자금운용, 리스크모델링, S&T, 디지털 기획 등
• 성장 유망 산업 → 인력수요 확대 분야   • 다양한 인재 유입 필요한 분야
• 단기간 內 행내 양성 제한된 분야

모집
인원

○○명 내외(신입 + Junior급 경력)

운영방식
(예시)

수요검토   채용 계획 협의   10월 中   전형/선발   피드백
                                        IB필드 트레이닝,
9월 中   10월 初   실무자 인터뷰,   11월 限   확대여부검토
                                        에세이 평가 등

그림 11-11_ D사 맞춤형 수시채용 방식

용을 활성화하고 있다. 타깃 맞춤 홍보, 상시지원 접수, JOB Offer 제시, 인재 Pool
축적 등의 제도가 운영되고 있다.

4) 채용 프로세스 운영

신입직원 선발은 다음과 같은 프로세스로 진행된다.

1 서류전형은 사전 검증을 통해 CV(Curriculum Vitae)와 JD(Job Description)간의 적

채용   지원접수/   필기시험   AI   직무   최종면접
위원회   서류전형   역량평가   역량평가

9월   9월 말   10월 초   10월 말   10월 말   11월

현장 배치까지   입행/배치 ←   입문/연수   채용 검진   합격자   채용위원회
약 5개월   발표
소요!!

2월   1월   12월   12월   11월

그림 11-12_ D사 맞춤형 수시채용 프로세스

합도를 보며, 경력사원의 경우에는 경력 적합도, 이직 동기, 역량 차별성, CDP (Career Development Plan) 적합성을 특별히 더 검증한다.

2 필기시험은 NCS 기반 금융상식 등 추가했고 오프라인 실시를 원칙으로 한다.

3 AI 역량평가는 2020년 하반기 첫 도입해 직무역량평가 참고자료로 활용한다.

4 직무역량평가는 실무면접으로 차장 및 과장급이 면접관으로 직무 맞춤형 특화 프로그램을 운영한다. 코딩 테스트, 통계 패키지 활용, 선배 회계사와의 대화 등이 있고, 영업직무 공채 역시 기업, WM 분야 주제 활용 실무 테스트를 하고 있다. 언택트 환경이 반영되어 다대일 면접 형태로 전환되었다. 시간적 물리적 제약을 감안하여 평가 프로그램 역시 집단중심에서 개별 측정으로 전환되었고, 인성, 직무, 시사 주제로 구분하여 코스 방식으로 운영하고 있다.

5 최종 면접은 임원과 부서장급 이상이 참여한다. 시간적 제약에 따라 다vs다 면접 형태로 운영되며, 통상 지원자 1인당 면접시간은 5분 내외이다. 역량 등에 따른 심층 판단에 제약이 있고 인성면접 형태로 진행된다.

5 E사

1) E사의 채용 전략

E사는 전략적 채용을 통해 기존 디지털 전환 사업 수행에 필요한 우수인재를 지속 확보하기 위해 신입채용은 핵심비즈니스 중심의 회사가 보유한 핵심역량을 내재화하고 다양한 배경(전공. 경험)을 지닌 인재를 채용, 배치하여 전체 구성원의 창의성과 혁신을 증대하고 있다. 경력 채용은 신규비즈니스 중심의 회사가 미보유한 역량을 지속 확보하고, 다양한 루트를 통한 인재 접촉 및 선제적 확보 목적이 있다.

E사 신입채용은 정기공채를 폐지하고 수시채용으로 전환, 채용연계형 인턴십 4주, 디지털 인재 확보를 위한 채용 프로그램 도입 등으로 살필 수 있다.

Biz 환경변화에 민첩하게 대응하고, DT시대에 맞는
디지털 인재 중심의 우수인재를 적극 확보하며, 채용 신뢰도를 제고하고자 함

취지

1 Biz 환경변화
수시채용
(필요직무별)

2 채용 신뢰도 제고
인턴십
도입

3 디지털 인재 유인
특화된 채용
PGM 도입

주요 개선 내용

✓ **정기 신입공채 폐지 → 수시채용 전환**(필요 직무별)
 - 필요 직무별 수시채용을 통한 우수인재 적시 선발(w. 현업)

✓ 채용연계형 인턴십(현업 4주 검증) **도입**
 - 인턴십(4주)을 통한 면접 중심 선발체계 보완 및 지원자 입사 Loyalty 제고
 * 실무자 면접 → 임원면접 → 인턴십(4주) → 채용

✓ 디지털 인재 적극 확보**를 위한 특화된 채용 PGM 도입**
 - 지원자 당사 비전/문화체험을 통한 디지털 인재 유인
 * Value-Up PGM: 회사/Career Vision 설명회, 현업담당자 강연, 기업문화체험 등

©www.hanol.co.kr

그림 11-13_ E사의 인재전략

2) E사의 신입 채용 프로세스

E사의 신입채용은 ① 적정인원 산정 및 채용인원 요청을 종합하여 채용인원을 결정하고 채용공고 게시를 하는 필요 직무별 수시모집 실시, ② 현업은 직무잠재역량 중심의 평가를 하고 HR 부서는 인재상과 디지털 역량중심의 평가를 하는 서류전형, ③ 언어비평, 수리비평, 인적성검사로 약 2시간 소요되는 온라인 인적성검사, ④ 일반직군, 디지털직군, 제작직군으로 구분하여 각 직무별 세부 프로그램을 운영하는 실무자 면접, ⑤ 다대다 형태의 인재상과 잠재역량 등을 종합 고려하는 임원면접, ⑥ 임원면접 합격자에 한하여 교육, 부서 근무와 프로젝트 수행, 인턴 평가와 수료식을 하는 인턴십, ⑦ 임원면접, 기존 면접자료, 인턴십 평가 결과, 직무PT 발표 결과, 태도와 문화 적합성을 최종 판단하는 최종 면접을 거쳐 입사하게 된다.

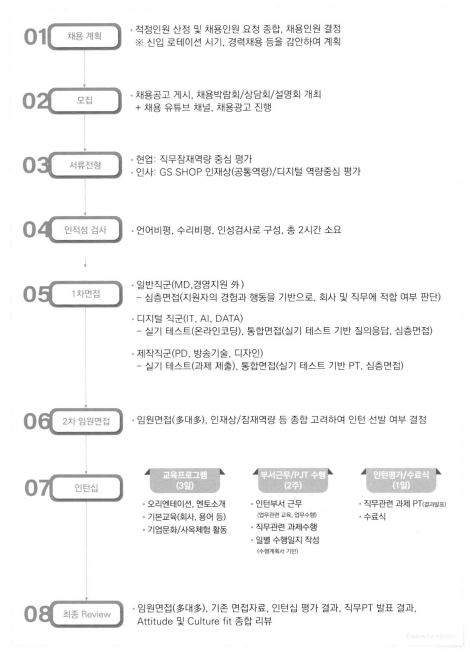

01 채용 계획
- 적정인원 산정 및 채용인원 요청 종합, 채용인원 결정
※ 신입 로테이션 시기, 경력채용 등을 감안하여 계획

02 모집
- 채용공고 게시, 채용박람회/상담회/설명회 개최
+ 채용 유튜브 채널, 채용광고 진행

03 서류전형
- 현업: 직무잠재역량 중심 평가
- 인사: GS SHOP 인재상(공통역량)/디지털 역량중심 평가

04 인적성 검사
- 언어비평, 수리비평, 인성검사로 구성, 총 2시간 소요

05 1차면접
- 일반직군(MD,경영지원 外)
  – 심층면접(지원자의 경험과 행동을 기반으로, 회사 및 직무에 적합 여부 판단)
- 디지털 직군(IT, AI, DATA)
  – 실기 테스트(온라인코딩), 통합면접(실기 테스트 기반 질의응답, 심층면접)
- 제작직군(PD, 방송기술, 디자인)
  – 실기 테스트(과제 제출), 통합면접(실기 테스트 기반 PT, 심층면접)

06 2차 임원면접
- 임원면접(多대多), 인재상/잠재역량 등 종합 고려하여 인턴 선발 여부 결정

07 인턴십

교육프로그램 (3일)	부서근무/PJT 수행 (2주)	인턴평가/수료식 (1일)
• 오리엔테이션, 멘토소개 • 기본교육(회사, 용어 등) • 기업문화/사옥체험 활동	• 인턴부서 근무 (업무관련 교육, 업무수행) • 직무관련 과제수행 • 일별 수행일지 작성 (수행계획서 기반)	• 직무관련 과제 PT(결과발표) • 수료식

08 최종 Review
- 임원면접(多대多), 기존 면접자료, 인턴십 평가 결과, 직무PT 발표 결과,
Attitude 및 Culture fit 종합 리뷰

그림 11-14_ E사의 인재상과 디지털 역량 평가

3) E사의 경력 채용 프로세스

E사의 경력채용은 현업을 통해 전문인력을 소싱하고, 포지션별 지원자 역량 수준을 심층 분석하여 채용 오류는 최소화하고, 핵심인재 중심으로 채용하는 것을 목적으로 하고 있다. 이를 위해 검증된 전문인력 소싱을 위해 사업부 주도의 현업의 검증된 우수인재 추천, 현업, 유관부서, HR 부서장의 3차에 걸친 심층면접으로 채용 신뢰도 제고, 온오프 인성검사, 화상면접, AI 면접 등 검증 툴을 활용하는 역량 검증 툴 확대를 추진하고 있다.

표 11-6_ E사 면접방식

대상		· 경력사원 전원
면접위원 구성		· 해당 사업부 부문장, 팀장 및 실무자(차석급), 협업/유관부서의 팀장(or 차석급)으로 자유롭게 구성 ☞ 사내 임직원 추천인원에 대한 다면평가 시, 추천인원은 면접위원에서 제외함
면접횟수		· 최대 3회까지 진행(현업 다면평가 1~2회, 협업/유관부서 평가 1회) ☞ 협업 유관부서 평가는 진행 필수
면접방식	일정조율	· 현업 담당자 – 후보자 간 일정 조율 (각 면접 일정은 HR 담당자 공유)
	참석자 및 시간	· 각 차수별 3 ~ 4 대 1 심층면접 / 1인당 30분 ~ 1시간 진행
	면접형태	· On-line / Off-line 면접 자율 진행 ☞ On-line 면접 시 ZOOM, Skype 등의 Tool 활용 ☞ 면접 진행 후 평가자는 다면평가 심사지를 작성하여 HR 공유
검증내용	기본역량 (논리력, 스마트 함)	· 지원분야가 아닌 다른 업무를 부여하더라도, 충분히 수행할 만한 논리력과 스마트함을 갖추고 있는가? · 질문에 대한 이해력이 좋고, 그에 대한 답변이 창의적이면서, 동시에 설득력이 있는가?
	직무전문성 (직무경험/지식)	· 충분한 직무경험, 지식에 기반하여 해당 분야의 최근 트렌드를 자신만의 관점에서 설명할 수 있고, Insight를 갖고 있는가? · 직무에 대한 본인 소신을 말할 수 있고, 과거 직무수행 시 오류나 잘못된 점에 대해서도 당당하고 솔직하게 이야기하는가?
합격자기준		· 각 차수별 면접위원의 종합평가 평가평균 "A-" 이상(면접위원 3인 기준 [A / A / B] 이상)

경력채용의 프로세스는 ① 전년도 사업계획 수립에 따른 전사 T/O 기반 운영, ② 채용공고, 서치펌, 페이스북, 사내추천 등을 통한 모집, ③ JD 기반 직무적합성 중심 서류전형, ④ 다면평가면접(해당 직무, 유관부서 면접관이 다대일 면접)과 현업 임원면접(사업부장과 1:1 면접)의 1차 면접을 실시, ⑤ 인성검사 온라인 진행을 약 50분 소요, ⑥ 임원면접, 직무역량, 시장가치, 인재상 등을 고려하여 최종 면접, ⑦ 전화, 이메일, 채용공고 통해 최종 합격 안내, ⑧ 연봉, 성과급, 연차, 직책 등을 고려한 처우협의를 한다.

경력사원 채용과 관련해서 E사는 다면평가를 실시하고 있다. 현업 주도로 면접 일정을 진행하며, 해당 사업부의 부문장, 팀장 및 실무자와 협업 유관부서의 팀장이 면접위원으로 참여하여 지원자의 역량을 종합적으로 평가, 검증한다.

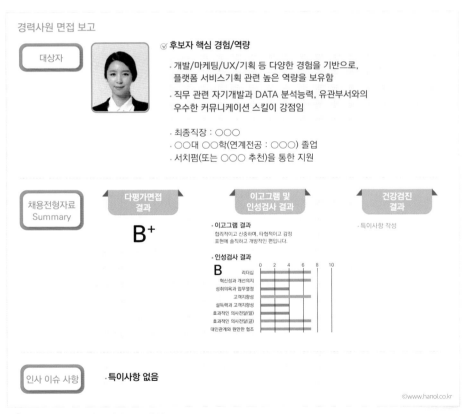

그림 11-15_ E사 최종 면접 보고 양식

취업의
비법

PART 04

국가직무능력표준(NCS) 알아보기

Chapter 12

국가직무능력표준은 도대체 뭐지?

1 직무능력도 표준이 필요하군

J군 공기업에 취업하려면 NCS를 알아야 한다고 들었습니다. NCS는 들어는 보았습니다만, NCS가 무엇인지 구체적으로 알지 못합니다. 학교에서 배운 전공 지식과 어학, 자격증에 또 NCS를 별도로 준비해야 하는 건지요?

K교수 NCS에 대한 입사지원자들의 부담이 큰 것은 사실입니다만, 직무수행능력 중심의 채용을 공공기관에서 우선적으로 도입하고 있으니, 공기업이나 공공기관 입사를 준비하는 사람들은 관련 내용을 제대로 학습해 둘 필요가 있는 겁니다.

글로벌 경쟁이 더욱 치열해진 오늘날, 대부분의 산업 분야는 매우 빠르게 발전해 가고 있다. 다양한 산업 분야가 생겨나고 신기술을 적용하는 새로운 직무가 개발되고 있다. 이러한 환경 변화 속에서 기업의 인적자원이 경쟁력을 유지해 갈 수 있도록 하기 위해서 국가 차원

의 역량개발 인프라를 제공하는 것은 많은 선진국가들의 과제가 되고 있다. 산업현장에서는 새로운 직무를 수행할 수 있는 역량과 소양을 가진 인력확보가 필수적이 되었고 새기술이 적용되어 업데이트된 현장의 많은 직무들에 대해서는 재교육이 필요하게 되었다. 이처럼 산업현장의 변화에 부응하자면 우선, 직무를 수행할 수 있는 능력, 즉 직무수행능력에 대한 구체화와 이의 개발을 위한 체계적인 수단이 요청되는 것이다. 이와 같은 배경에서 직무수행능력의 체계적인 개발과 성공적으로 수행하는 데 필요한 지식·기술·소양을 정리하고 산업부문·수준별로 체계화한 것을 국가직무능력표준(NCS: National Competency Standards)이라고 이해하면 된다. NCS는 인력육성에 필요한 교육훈련, 국가자격 부여의 준거로 국가 차원에서 산업활동의 기반으로 활용하고 있는 것이다.

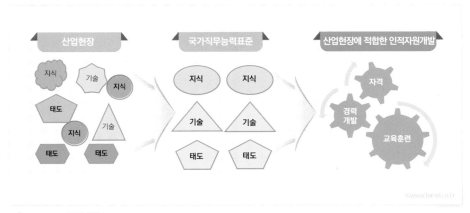

🐚 그림 12-1_ NCS 개념

미국은 노동부 내 고용훈련관리국(Employment and Training Administration)에서 직업 탐색과 직업훈련 정보를 원하는 사람들에게 원스톱 서비스를 제공하기 위해 직무역량모델정보센터(Competency Model Clearinghouse)를 운영하고 있다. 여기서도 직무역량모델을 제시하고 있으며, 이를 구직자, 기업들이 채용, 교육훈련과 역량개발에 활용할 수 있도록 각종 도구들을 제공하고 있다. 또한 가까운 일본도 후생노동성에서 JOB CARD제도(https://jobcard.mhlw.go.jp/job_card.html) 운영을 통해, 직업능력체계를 제시하여 기업과 구직자들이 채용, 직업능력 개발을 위한 각종 프로그램에 활용할 수 있도록 지원하고 있다. 그 외 호주, 영국 등 대부분의 선진국들도 이와 유사한 프로그램을 국가 차원에서 운영하고 있다.

국가직무능력표준을 구축하는 과정에는 각 직무분야에 종사하는 현업의 실무 전문가를 중심으로 교육계, 현장전문가 등이 참여하여 의견을 수렴하고, 일정한 형식에 맞추어서 기술하도록 하였는데, 그 기술 형식의 특징으로 첫 번째가 한 사람의 근로자가 담당하며, 수행하는 실제적인 직무내용의 최종 결과를 '무엇을 할 수 있다'는 형식으로 기술하고 있다. 두 번째는 특정 업무를 수행하기 위해 요구되는 능력으로 실행(작업)능력, 계획 및 조직화 능력, 돌발상황 대처능력, 환경변화 대응능력, 미래지향적 능력 등의 개발 가능한 역량 범주를 기술하였다. 세 번째는 한 사람의 직무(작업)수행자가 수행하는 업무내용을 하나의 NCS 능력단위로 기술하고 있으며 여러 개의 세부능력단위와 수행준거로 구성하도록 하고 있다. 네 번째는, 능력단위를 구성하는 직무는 중요도와 난이도를 고려하여 수준을 정하고 있으며 각 수준별 정의를 기준으로 산업현장과 교육훈련, 자격 등에 활용된다. 다섯 번째는 산업환경 및 기술변화, 현업의 직무여건 변화로 인해 직무의 생성과 소멸 또는 통폐합 시에는 리비전하거나 재개발하도록 하고 있다.(NCS 개발 가이드북 내용 참조 및 부가하여 재정리)

2 NCS는 체계가 너무 복잡해?

NCS는 생소한 용어가 많지만 산업별로 수행되고 있는 직무를 대-중-소와 같이 분류하고 코드체계를 적용한 것이어서 그리 복잡하지 않다. 체계구축 기준은 한국고용직업분류(KECO: Korean Employment Classification of Occupations)를 중심으로 한국표

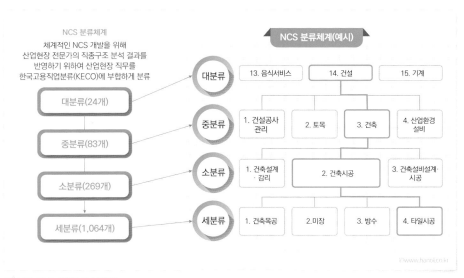

🍲 그림 12-2_NCS 분류체계

🦋 그림 12-3_ NCS 능력단위구성

준직업분류, 한국표준산업분류 등을 참고하여 2022년 현재 '대분류 구분 24개 →
중분류 구분 83개 → 소분류 구분 269개 → 세분류 1,064'개로 단계적으로 체계화
한 것이라고 이해하면 된다.(2022. 4월 기준)

   NCS는 능력단위 분류번호, 능력단위정의, 능력단위요소(수행준거, 지식·기술·태도), 적
용범위 및 작업상황, 평가지침, 직업기초능력으로 구성되어 있으며(〈그림 12-4〉 NCS 개발
리포트 사례 참조), 능력단위 분류번호는 대-중-소분류-세분류-능력단위-개발연도-버전
등 12자리 코드체계를 적용한다.

   그리고 NCS의 능력단위는 산업현장에서 수행되는 직무의 중요도와 난이도를 기
준으로 8단계의 수준별 개념을 제시하고 있다.(〈표 12-1〉 참조)

🦋 표 12-1_ NCS Code 체계

0101010101_14v1

01	01	01	01	01	–	14	v1
대분류	중분류	소분류	세분류	능력단위	–	개발연도	버전

🐚 그림 12-4_NCS 개발 리포트 사례

🦋 표 12-2_ NCS 수준체계 현황

수준	개념
8수준	• 해당 분야에 대한 최고도의 이론 및 지식을 활용하여 새로운 이론을 창조할 수 있고, 최고도의 숙련으로 광범위한 기술적 작업을 수행할 수 있으며 조직 및 업무 전반에 대한 권한과 책임이 부여된 수준 **지식기술** 해당 분야에 대한 최고도의 이론 및 지식을 활용하여 새로운 이론을 창조할 수 있는 수준, 최고도의 숙련으로 광범위한 기술적 작업을 수행할 수 있는 수준 **역량** 조직 및 업무 전반에 대한 권한과 책임이 부여된 수준 **경력** 수준7에서 2-4년 정도의 계속 업무 후 도달 가능한 수준

수준	개념
7수준	• 해당 분야의 전문화된 이론 및 지식을 활용하여, 고도의 숙련으로 광범위한 작업을 수행할 수 있으며 타인의 결과에 대하여 의무와 책임이 필요한 수준 **지식기술** 해당 분야의 전문화된 이론 및 지식을 활용할 수 있으며, 근접분야의 이론 및 지식을 사용할 수 있는 수준, 고도의 숙련으로 광범위한 작업을 수행하는 수준 **역량** 타인의 결과에 대하여 의무와 책임이 필요한 수준 **경력** 수준6에서 2-4년 정도의 계속 업무 후 도달 가능한 수준
6수준	• 독립적인 권한 내에서 해당 분야의 이론 및 지식을 자유롭게 활용하고, 일반적인 숙련으로 다양한 과업을 수행하며, 타인에게 해당 분야의 지식 및 노하우를 전달할 수 있는 수준 **지식기술** 해당 분야의 이론 및 지식을 자유롭게 활용할 수 있는 수준, 일반적인 숙련으로 다양한 과업을 수행할 수 있는 수준 **역량** 타인에게 해당 분야의 지식 및 노하우를 전달할 수 있는 수준, 독립적인 권한 내에서 과업을 수행할 수 있는 수준 **경력** 수준5에서 1-3년 정도의 계속 업무 후 도달 가능한 수준
5수준	• 포괄적인 권한 내에서 해당 분야의 이론 및 지식을 사용하여 매우 복잡하고 비일상적인 과업을 수행하고, 타인에게 해당 분야의 지식을 전달할 수 있는 수준 **지식기술** 해당 분야의 이론 및 지식을 사용할 수 있는 수준, 매우 복잡하고 비일상적인 과업을 수행할 수 있는 수준 **역량** 타인에게 해당 분야의 지식을 전달할 수 있는 수준, 포괄적인 권한 내에서 과업을 수행할 수 있는 수준 **경력** 수준4에서 1-3년 정도의 계속 업무 후 도달 가능한 수준
4수준	• 일반적인 권한 내에서 해당 분야의 이론 및 지식을 제한적으로 사용하여 복잡하고 다양한 과업을 수행하는 수준 **지식기술** 해당 분야의 이론 및 지식을 제한적으로 사용할 수 있는 수준, 복잡하고 다양한 과업을 수행할 수 있는 수준 **역량** 일반적인 권한 내에서 과업을 수행할 수 있는 수준 **경력** 수준3에서 1-4년 정도의 계속 업무 후 도달 가능한 수준
3수준	• 제한된 권한 내에서 해당 분야의 기초이론 및 일반지식을 사용하여 다소 복잡한 과업을 수행하는 수준 **지식기술** 해당 분야의 기초이론 및 일반지식을 사용할 수 있는 수준, 다소 복잡한 과업을 수행하는 수준 **역량** 제한된 권한 내에서 과업을 수행하는 수준 **경력** 수준2에서 1-3년 정도의 계속 업무 후 도달 가능한 수준
2수준	• 일반적인 지시 및 감독하에 해당 분야의 일반지식을 사용하여 절차화되고 일상적인 과업을 수행하는 수준 **지식기술** 해당 분야의 일반지식을 사용할 수 있는 수준, 절차화되고 일상적인 과업을 수행하는 수준 **역량** 일반적인 지시 및 감독하에 과업을 수행하는 수준 **경력** 수준1에서 6-12개월 정도의 계속 업무 후 도달 가능한 수준
1수준	• 구체적인 지시 및 철저한 감독하에 문자이해, 계산능력 등 기초적인 일반지식을 사용하여 단순하고 반복적인 과업을 수행하는 수준 **지식기술** 문자이해, 계산능력 등 기초적인 일반지식을 사용할 수 있는 수준, 단순하고 반복적인 과업을 수행하는 수준 **역량** 구체적인 지시 및 철저한 감독하에 과업을 수행하는 수준

3   직업기초능력도 NCS에 포함되는 거야?

M군   직무능력과 직업기초능력은 어떻게 다른지요? '직무'와 '직업'에 필요로 하는 능력이 따로 있는 것인지요? 혼란스럽습니다! NCS에서 이야기하는 직업기초능력과 직무수행능력은 무엇인가요!

K교수   직무능력 또는 직무수행능력은 직무를 성공적으로 수행하는 데 있어서 요구되는 지식, 기술, 태도를 말하는 것으로 국가직무수행능력표준(NCS)에서 정의하고 있는 개념을 기준으로 이해하는 것이 좋을 것입니다. 직업기초능력 또한 NCS에서 정의하고 있는데 직종이나 직위에 상관없이 모든 직업인들에게 공통적으로 요구되는 기본적인 능력 및 자질로서 교육훈련을 통해 개발되어질 수 있는 10개의 역량을 선정하여 정리하여 놓은 것을 말합니다.

1   직무수행능력과 NCS 직업기초능력의 차이

앞에서 국가직무능력표준(NCS) 체계는 산업현장의 직무내용을 중심으로 해당 직무를 성공적으로 수행하는 데 필요한 지식, 기술, 태도에 대한 구체적인 내용을 일정한 서술형식과 양식에 담아 놓은 것이라고 설명하였다. 즉, 직무수행능력은 특정 직무를 수행함에 있어  수행 순서에 대한 이해와 성공적인 수행에 요구되는 구체적인 지식과 기술들을 총칭하는 것이라고 할 수 있다.

한편 직업기초능력은 직종이나 직위에 상관없이 모든 직업인들에게 공통적으로 요구되는 기본적인 능력 및 자질이라고 보면 된다. 이를 운동능력에 비유하자면 직업기초능력은 기초체력에 해당하고 직무능력은 본 종목에 있어서의 종목별 운동능력이 해당된다고 이해하면 된다.

2 NCS 직업기초능력의 종류와 구조

NCS에서는 직업기초능력을 10개로 정하고 있으며 각 기초 능력별로 2~5개의 하위역량을 포함하고 있다. 10개의 모든 기초능력은 개인의 노력과 교육 훈련을 통해 개발이 가능한 영역으로만 구성되어 있으며, 각 하위영역들이 종합적으로 발현되었을 때 상위역량, 즉 직업기초능력이 온전히 발휘될 수 있다고 할 것이다.

표 12-3_ 10개의 직업기초능력 정의와 하위역량

구분		내용
의사소통능력	정의	• 직무를 수행함에 있어 글과 말을 읽고 들음으로써 다른 사람이 뜻한 바를 파악하고, 자기가 뜻한 바를 글과 말을 통해 정확하게 쓰거나 말하는 능력
	하위단위	• 문서이해능력, 문서작성능력, 경청능력, 언어구사력, 기초외국어능력
수리능력	정의	• 직무를 수행함에 있어 사칙연산, 통계, 확률의 의미를 정확하게 이해하고, 이를 직무에 적용하는 능력
	하위단위	• 시간자원관리능력, 예산관리능력, 물적자원관리능력, 인적자원관리능력
문제해결능력	정의	• 직무를 수행함에 있어 문제상황이 발생하였을 경우, 창조적이고 논리적인 사고를 통하여 이를 올바르게 인식하고 적절히 해결하는 능력
	하위단위	• 사고력, 문제처리능력
자기개발능력	정의	• 직무를 추진하는데 스스로를 관리하고 개발하는 능력
	하위단위	• 컴퓨터활용능력, 정보처리능력
자원관리능력	정의	• 직무를 수행하는데 시간, 자본, 재료 및 시설, 인적자원 등의 자원 가운데 무엇이 얼마나 필요한지를 확인하고, 이용 가능한 자원을 최대한 수집하여 실제 직무에 어떻게 활용할 것인지를 계획하고, 계획대로 직무수행에 이를 할당하는 능력
	하위단위	• 국제감각능력, 조직체제이해능력, 경영이해능력, 업무이해능력
대인관계능력	정의	• 직무를 수행함에 있어 접촉하게 되는 사람들과 문제를 일으키지 않고 원만하게 지내는 능력
	하위단위	• 기초연산능력, 기초통계능력, 도표분석능력, 도표작성능력
정보능력	정의	• 직무와 관련된 정보를 수집하고, 이를 분석하여 의미 있는 정보를 찾아내며, 정보를 관리하고, 직무수행에 이러한 정보를 활용하며, 이러한 과정에 컴퓨터를 사용하는 능력
	하위단위	• 자아인식능력, 자기관리능력, 경력개발능력
기술능력	정의	• 직무를 수행함에 있어 도구, 장치 등을 포함하여 필요한 기술에는 어떠한 것들이 있는지 이해하고, 실제로 직무를 수행함에 있어 적절한 기술을 선택하여 적용하는 능력
	하위단위	• 팀워크능력, 리더십능력, 갈등관리능력, 협상능력, 고객서비스능력

구분		내용
조직이해능력	정의	• 직무를 원활하게 수행하기 위해 국제적인 추세를 포함하여 조직의 체제와 경영에 대해 이해하는 능력
	하위단위	• 기술이해능력, 기술선택능력, 기술적용능력
직업윤리	정의	• 직무를 수행함에 있어 원만한 직업생활을 위해 필요한 태도, 매너, 올바른 직업관을 말함
	하위단위	• 근로윤리, 공동체윤리

③ NCS 직업기초능력 활용 현황

직업기초능력은 공기업 채용의 선발 평가항목으로 활용되고 있으며 일반 기업의 경우에도 인력선발과 교육훈련의 준거로 활용되고 있는 것으로 나타났다.

표 12-4_ 업종별 직업기초능력 활용 현황 　　　　　　 범례: ◎(2개 이상 기업 해당 시)

직업기초능력	일반기업						공기업			
	바이오제약	배터리화학	IT전자	게임	에너지	로봇	수자원	수력원자력	가스	철도
의사소통능력	◎	◎	○	◎	◎	◎	◎	◎	◎	◎
수리능력						◎	◎	◎	◎	◎
문제해결능력	◎	◎	◎	◎	◎	◎	◎	◎	◎	◎
자기개발능력	◎	◎	○		○	◎	○			
자원관리능력								◎		
대인관계능력	◎	○	◎	◎	◎					
정보능력	◎	◎	○			◎	◎			
기술능력								◎		
조직이해능력			◎	◎	◎			◎		
직업윤리	○	◎	◎	◎	◎	○	○			

* 해당 업종 대표기업들의 인재상 및 공개된 NCS 직업기초능력 평가항목으로부터 재구성)

　　또한 직업기초능력의 일부를 자기소개서의 지시문으로 제시하고 이와 관련된 경험을 서술하도록 하는 공기업의 경우도 있다.

 K공기업의 자기소개서 질문 사례

1. **지원동기**　자신의 지원분야에서 전문성을 높이기 위한 노력(구체적 과정. 경험 등 포함)과 이를 잘 수행할 수 있다고 생각하는 이유를 담아 지원동기를 작성해 주십시오. 또한 과거의 교육과정이나 경력들이 지원분야 업무와 어떤 관련성이 있는지와 그러한 전공지식·기술 및 경험들이 실제 업무수행에 어떤 방식으로 도움을 줄 수 있는지 구체적으로 기술해 주십시오.(1,500자 이내)

2. **의사소통능력**　조직 또는 팀의 공동목표를 달성하는 과정에서 자신과 의견이 다른 사람과 갈등이 발생했던 사례를 작성하고 갈등을 해결하기 위해 상대방을 설득했던 구체적인 행동을 기술해 주십시오.(500자 이내)

3. **문제해결능력**　새로운 일 또는 경험을 하는 과정에서 더 나은 결과를 만들기 위해 문제를 분석하고 기획하여 성과를 달성한 경험이 있다면 당시 상황과 본인의 역할, 주변의 피드백을 구체적으로 기술해 주십시오.(500자 이내)

4. **자원관리능력**　본인이 주도적으로 공동의 목표를 달성하기 위해 필요한 시간, 자본, 재료 및 시설, 인적자원 등의 필요한 자원을 확인하고 실행하여 해결의 결과가 드러난 사실을 구체적으로 기술해 주십시오.(500자 이내)

Chapter 13

NCS와
학습 모듈 활용하기

L군	NCS의 구성체계와 사례를 보면서 NCS가 체계적으로 되어 있다는 생각을 했습니다. 그런데 NCS 직무내용 중에는 제가 알고 있는 것도 있고 처음 보는 내용도 있습니다. 전공분야이긴 한데 산업현장의 실제 직무수행 내용에 대해서는 어떻게 알아볼 수 있을런지요?
K교수	NCS 체계에서는 직무를 구분하고 직무지식, 기술, 태도를 제시하고 있을 뿐 아니라 현장에서 실제 이루어지는 업무의 순서와 내용, 알아야 할 구체적인 지식, 유의사항, 평가 방법 등을 집필해 놓은 NCS 학습 모듈이 있습니다. 이것은 직무를 가르치는 현장의 실무자, 교수 및 실습생이 해당 직무의 내용과 수행과정을 알 수 있도록 교수학습 교재 형식으로 집필되어 있어 이를 활용하면 알고자 하는 직무를 쉽게 이해할 수 있을 것입니다.

NCS 시스템에는 NCS라고 칭하는 국가능력표준과 함께 해당 직무능력을 개발할 수 있는 실질적인 교육훈련 내용과 방법을 담은 NCS 학습 모듈도 탑재되어 있다.

1 학습 모듈은 어떻게 구성되어 있나요?

본인의 전공분야라 할지라도 산업현장에서 수행되고 있는 NCS 직무내용을 모두 알기란 쉽지 않다. 동일한 산업분야이지만 산업별. 기업별 규모의 차이가 있기 마련이고 직무내용 또한 그 범위와 깊이가 각기 다를 수 있기 때문이다. 이러한 점들을 고려하여 NCS 국가직무능력표준을 제시하고 NCS 직무의 내용을 학습하고자 하는 훈련생과 이를 가르치려는 교수자, 그리고 채용을 비롯한 인사관리에 활용하려는 기업 모두에게 실질적인 유용성을 제공하고자 학습 모듈을 개발한 것이다. '학습'할 수 있고 '가르칠 수 있는' 매뉴얼 수준의 교재인 학습 모듈을 개발하여 NCS와 함께 제공하고 있다(NCS 제공 사이트: ncs.go.kr).

1 학습 모듈의 개념과 체계

국가직무능력표준(NCS: National Competency Standards)이 현장의 '직무요건서'라고 한다면, NCS 학습 모듈은 NCS의 능력단위를 교육훈련할 수 있도록 구성한 '교수·학습 자료'이다. NCS 학습 모듈은 현업에서의 NCS 업무수행 순서와 각 업무 단계마다 알아야 할 지식과 기술을 구체적으로 기술하여 놓았다. 현장 전문가들이 집필에 참여하여 기술한 NCS 학습 모듈은 NCS의 체계와 연계되어 있으며 NCS 능력단위 하나를 교수·학습단위로 하고 있다.

출처: https://www.ncs.go.kr/th01/TH-102-002-02.scdo

©www.hanol.co.kr

· 🐚 그림 13-1_ NCS 체계와 학습 모듈

2 NCS 학습 모듈 개발 사례

다음 그림(13-2)은 NCS 능력단위를 학습 모듈의 형식으로 개발한 것이다. NCS 능력단위 세부내용을 학습 모듈 개요의 목차형식으로 기술되어 있음을 보여준다.

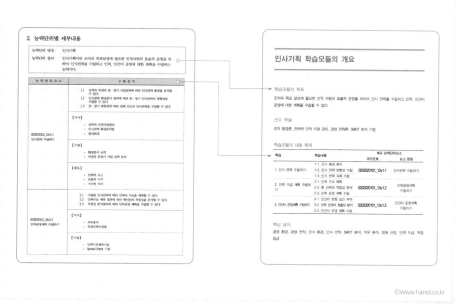

🐚 그림 13-2_ NCS 능력단위의 학습 모듈 개발 사례

　　위 학습 모듈 사례에서 보면 NCS 능력단위 정의를 학습목표로 기술하고 있음을 알 수 있다. NCS 직무 정의는 학습자가 해당 학습 모듈 내용을 학습함으로써 달성하여야 할 학습 성취 목표를 제시한 것이다. 또한 능력단위요소는 학습명으로, 수행준거는 학습내용으로 대응되어 있음을 알 수 있다. 그 외의 학습 모듈 내용에 포함되어 있는 제목의 의미는 다음과 같다.

🦋 표 13-1_ 학습 모듈 항목 설명

구분	내용
선수학습	• 교수자나 학습자가 해당 모듈을 교수 또는 학습하기 이전에 이수해야 할 학습내용, 교과목, 핵심단어 등을 표기한 것임
핵심용어	• 학습 모듈을 통해 학습되고 평가되어야 할 주요 용어 모음임

 2 **펼쳐보면 학습 모듈도 이해가 쉬워요!**

학습 모듈의 내용은 '학습(학습주제명)-학습목표-필요지식-수행내용-교수학습방법-평가'의 순서로 기술되어 있다.

학습은 NCS 능력단위요소 명칭으로(예에서는 '인사전략 수립하기') 교과서에 비유하면 하나의 단원 또는 장에 해당한다고 보면 된다. 산업현장에서는 한 개인에게 부여된 업무 완성단위이다. 업무의 시작에서 종결까지 일련의 수행결과에 대해서 성과를 평가할 수 있는 업무 크기로 이해할 수 있을 것이다. 학습단위인 '인사전략 수립하기'를 수행하는 데 필요한 지식과 기술에 대한 구체적인 내용의 구성은 다음의 학습 모듈 사례를 통해 이해할 수 있다.

- 학습목표는 해당 내용을 학습하고 이수한 후 학습자가 도달할 수 있는 학습결과를 서술한 것이라고 할 수 있다.
- 필요지식은 산업현장의 업무수행에 꼭 필요한 핵심적인 현장 이론과 경험을 서술하여 놓은 학습 모듈의 가장 주요 부분이라고 할 수 있다. 이 부분은 교수자 측면에서는 가르치는 내용이 되며 학습자에게는 배워야 할 내용이 된다.

©www.hanol.co.kr

그림 13-3_ 학습 모듈 사례

🐚 그림 13-4_ 학습 모듈 사례

- 수행내용은 산업현장에서 업무를 수행하는 과정을 기술한 것으로 산업현장의 실제 수행사례를 제시하여 놓은 것이다. 업무수행의 기술(Skill)이 구체적으로 발휘되는 순서와 과정이며 수행에 필요한 재료와 자료, 기기, 업무수행 현장에서의 안전과 유의사항, TIP 등이 제시되어 있다.

- 교수학습방법에서는 교수자가 해당 학습내용을 효과적으로 가르치고 훈련할 수 있도록 하여 학습목표를 성공적으로 달성할 수 있는 방안을 제시하고 있다. 한편 학습자의 경우 교수자의 교수방법에 적절히 반응하고 자기 스스로 학습할 수 있는 방법을 안내하고 있다. 여기에는 학습자가 주의할 점, 사전에 알아야 할 선수학습내용 등에 대한 확인 등도 포함하고 있다

- 평가는 해당 NCS 능력단위의 평가방법과 평가 시 고려사항을 제시하여 교수자 및 학습자가 평가항목별 성취수준을 확인하는 데 활용할 수 있도록 하고 있다.

- 평가준거에서는 학습자가 해당 학습을 어느 정도 성취하였는지를 평가하기 위한 기준을 제시하고 있고 학습목표와 연계하여 교육훈련 과정에서 평가항목별 성취수준을 평가하는 데 활용한다.

채용 등 인사관리에 활용되는 NCS

P군   NCS가 담고 있는 내용이 정말 많기도 하지만 이렇게 많은 내용을 기업에서 채용에 어떻게 활용하고 있는지 직장 경험이 없는 저로서는 쉽게 이해가 가지 않습니다.

K교수   기업에서는 직원을 채용한 후 배치하고 직무성과를 평가하여 보상과 승진, 교육훈련 등을 통해 조직에 필요한 인재로 육성해 가게 되는데 이 과정은 직무(일)를 중심으로 이루어집니다. NCS는 기업의 인사관리에 활용할 수 있도록 다양한 도구를 제공하고 있습니다.

① NCS! 기업의 인사관리 활용

기업에서는 직원을 채용하는 것으로 끝나는 것이 아니라 직원이 지속적으로 성장발전해 나가도록 동기부여하고 육성하기 위해 노력하고 있다.

표 13-2_ NCS의 인사관리 활용

활용분야	내용	활용목적
채용	• NCS 직무기술서를 바탕으로 지원자의 역량을 평가할 수 있는 채용 프로세스 설계 및 도구(채용공고/서류/필기/면접) 개발	• 직무능력중심 인재채용 • 입사 시 재교육비용 절감 • NCS 활용자료: NCS 직무기술서
재직자교육 훈련	• NCS 직무중심의 교육훈련 이수 체계 마련	• 체계적인 교육 · 훈련시스템 마련 • 근로자의 학습참여 촉진 • NCS 활용자료: NCS 학습 모듈
이동관리 (배치, 승격)	• NCS 기반의 경력개발 경로를 제시 • 배치 · 승진 체크리스트 개발	• 조직구성원의 역량수준 향상 준거 및 직무비전 제시 • 공정하고 합리적 인사운영 • NCS 활용자료: NCS 경력개발 경로, 배치/ 승진 체크리스트
보상	• NCS 직무내용의 수행 수준을 평가하여 임금 부여 • 직무수행 수준 및 직무가치에 기반한 임금지급 구조로 전환(예: 직무급)	• 직무역량과 수행 수준에 따라 적정 임금 지급 • NCS 활용자료: NCS 직무평가 SHEET

〈표 13-2〉에서는 산업현장의 인적자원 선발에서 이동(배치, 승격), 육성, 개발, 보상 관리의 기준 등의 분야에 NCS가 활용됨을 알 수 있다.

제반 인사관리분야에 NCS에서 제공되는 구체적인 도구들은 ① 한 사람이 직업에 종사하는 동안 경험하거나 거쳐야 하는 직무 단계라고 할 수 있는 경력개발 경로, ② 직무의 목적과 업무의 범위, 주요 책임, 요구되는 역할, 직무수행요건 등 직무에 관한 정보를 기술한 직무기술서, ③ 근로자 각 개인의 직무수행 수준을 확인하기 위한 진단도구로 활용할 수 있는 채용·배치·승진 체크리스트 양식 등이 있다.(다음에 제시된 도구들은 NCS.go.kr에서 필요한 직무의 NCS 활용패키지에서 볼 수 있다.)

ⓒwww.hanol.co.kr

🖢 그림 13-5_ NCS 활용패키지의 각종 도구들

　그 외에도 기업과 교육기관에서 체계적이고 효과적인 직업능력개발을 위하여 「국민평생 직업능력 개발법」 제38조에 근거하여 훈련의 대상이 되는 직종별로 훈련의 목표, 교과 내용 및 시설·장비와 교사 등에 관한 훈련기준이 있다.

② 채용 활용 사례

　고용노동부와 산업인력공단은 중소기업과 중견기업을 대상으로 NCS를 기반으로 하는 근로자의 채용·배치·승진 능력개발 지원 컨설팅 사업을 진행해 오고 있다. 특히 기업이 채용 전 과정을 설계할 수 있도록 NCS 웹 서비스까지 제공하고 블라인드 채용 프로세스와 단계별 내용, 각종 양식지원 서비스를 제공하고 있다. 이를 통해 많은 기업들이 NCS 기반의 인사시스템을 구축하고 이를 채용에 활용하고 있는 분위기이다. 취업준비생이 NCS 기반의 채용 프로세스를 이해하고 각 단계별 취업 준비 내용을 숙지해 두는 것은 목표로 하는 기업에 한 걸음 더 다가갈 수 있게 해 줄 것이다.

　〈그림 13-6〉 NCS 채용 프로세스에서 보는 바와 같이 가장 적합한 지원자를 선발하기 위해서 NCS의 능력단위의 필요지식, 기술, 기초능력 등을 검토하여 타당한 평

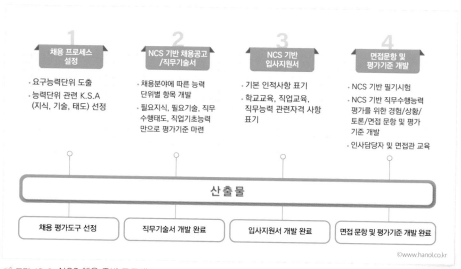

🌱 그림 13-6_ NCS 채용 준비 프로세스

가기준과 방식을 정하고 NCS를 기반으로 한 채용 프로세스를 진행하고 있다.

이러한 NCS 기반 채용을 활용하는 기업의 노력은 공정한 기회와 선발 과정의 투명성에 대한 사회적 공감대 확산과 함께 더욱 확대되어 가는 추세이다. 이러한 분위기와 별개로 하더라도 기업에 필요한 인재를 충원함에 있어서 가장 적합한 인재를 선발하는 것은 그 기업의 경쟁력을 유지하고 지속 성장을 위한 토대가 되기 때문이다.

다음의 기업 활용 사례집에서 보듯이 NCS 기반의 채용시스템을 도입하여 활용하는 기업은 기업사례로 발표되고 있다.

🐌 그림 13-7_ NCS 기업 활용사례집

취업준비생이 NCS 사이트를 통해 직무수행역량을 이해하고 NCS에서 제시하는 기준과 방식에 익숙해지도록 준비해 나가는 것은 매우 효율적인 취업준비가 될 것이다. 뿐만 아니라 그 결과 또한 성공적이라고 생각된다.

 득템! NCS 취업 사이트를 이용하기

"백 번 듣는 것보다 한 번 보는 것이 낫다."는 과거의 속담이 있다. 오늘날의 세상은 보는 것을 넘어 인터넷과 IT기술로 가상공간(메타버스)에서 언제 어디서나 직접 체험할 수 있는 기술적 환경을 모자람 없이 누리는 세상이 되었다.

NCS 사이트에서 제공하는 취업관련 서비스는 NCS를 활용한 취업 준비 전 과정을 직접 체험할 수 있도록 되어 있다(https://www.ncs.go.kr/blind/bl02/RH-103-001-01.scdo).

NCS(ncs.go.kr) 사이트가 제공하는 메뉴 기능은 앞의 내용을 잊어도 될 만큼 매우 체계적이고 풍부하게 안내되어 있다.

특히 취업준비생 전용 페이지(ncs.go.kr 블라인드 채용메뉴)에서 제공하는 메뉴를 활용하면 채용기업의 입사지원서 양식 등이 첨부·등재되어 있어서 본격적인 입사 지원 활동을 할 수 있도록 ONE STOP 서비스를 제공받을 수 있다.

채용 준비 메뉴에서는 블라인드 채용을 전제로 ① STEP01. 진로 탐색 및 선택, ② STEP02. 직무능력 함양, ③ STEP03. 취업 준비단계, ④ STEP04. 합격수기 등 4개 단계로 구분하여 채용 준비를 할 수 있다. NCS 사이트에서는 NCS 직무 검색에서부터 취업 준비 단계별 준비내용, 면접평가 실 사례 자료, 역량개발을 위한 교육훈련, 현재 채용이 진행되고 있는 기업의 채용공고, 1대1 취업 컨설팅에 이르기까지 NCS 직무를 기반으로 한 구직/취업활동에 필요한 거의 모든 정보를 제공하고 있다. 면접을 준비하는 취업준비생과 희망하는 기업을 목표로 지금부터 취업을 준비하고자 하는 학생은 물론 일반인들에게 반드시 사이트 활용을 권장한다. 다음은 채용에 직간접적으로 관련된 메뉴 몇 개를 소개하고자 한다. 이외에도 더 많은 유용한 메뉴가 있으므로 적극 활용하기 바란다.

출처: NCS사이트 https://www.ncs.go.kr/company/index.do

그림 13-8_ NCS 채용준비 사이트 화면

🌳 훈련정보

출처 : 직업훈련포털 HRD Net

🌳 취업준비생 전용페이지 1:1 컨설팅 신청 메뉴

출처 : 직업훈련포털 HRD Net

🌳 자료실의 전형별 채용 평가문제 샘플

4. 다음 중 ○○회사 정보보안담당이 보안 강화를 위해 "그룹스" 시스템 유지관리 방법으로 적절하지 **않은** 것을 고르시오.

① 모든 직원의 PC와 스마트폰의 보안을 위해 잠금 상태를 유지한다.
② 평균 인식 시간의 정확성을 높이기 위해 주기적으로 소프트웨어 업데이트를 한다.
③ 기밀 사항이 유출되지 않도록 접근 권한을 강화한다.
④ 바이러스 공격이 예상될 때마다 백신 프로그램을 설치해야 하므로 유지비용이 초기비용보다 더 많이 든다.

[5~7] 다음은 A기업의 재직자 분류 코드 목록이다. 아래의 글을 읽고 물음에 답하시오.

새로 생긴 지 얼마 안 된 벤처기업인 A기업은 직원등록, 관리를 위해 새로운 시스템을 도입했다. 인사팀에 재직 중인 신입사원 K씨는 우선 다음과 같이 각각의 직원을 코드로 분류하여 각각의 코드를 부여하고자 한다.

〈재직자 분류 코드〉

이름	코드 번호	이름	코드 번호	이름	코드 번호
김라영	91K-RDF01BE	정소윤	85J-ADF01BE	최주원	83C-SAM01BE
이시원	73L-ADF04NB	이나연	78L-RDF03NB	김수현	63K-MAM05BE
주혜나	68J-ADF05BE	박정식	90P-QUM00BE	나지윤	79N-LAF02NB
박정식	75P-RDM03NB	한아엘	72H-SAF04NB	서승현	77S-QUM02BE
진병준	65K-MAM05NB	윤승영	94Y-SAM00NB	최예진	71C-MAF02NB

[코드 부여 방식]

A기업 재직자 분류 코드에는 규칙이 있다. 모든 코드는 출생연도와 성씨의 영문 이니셜로 시작한다. 성씨의 영문 이니셜 뒤에는 팀 코드가 들어간다. AD는 행정지원팀, MA는 마케팅팀, ... RD는 연구개발팀을 나타낸다. 팀 코드 뒤에는 성별 코드 ...
다음은 직급에 따른 분류은 00, 대리는 01, 과장은 02, ...
인센티브 수혜 여부에 따라 수혜자는 BE, 비수혜자는 NB ...

5. 주어진 자료에 관한 설명으로 옳지 **않은** 것을 고르시오.
① 1992년생 행정기획팀 면접을 사무어 입사했다면, 직원 ...
② 행정지원팀 직원 중 90년대생이 많다.
③ 총 7명의 남자 직원 중 결혼관리팀에서 근무하는 직원 ...
④ 결혼관리팀 직원 중 남녀 다르게 하반기에 인센티브 ...

6. 인사팀 소속 직원 A사원은 출생연도를 기준 분류하여 ...
출생연 여성 직원을 대상으로 개인 정보카드 배포하려고 한 ...
① 4명
② 5명
③ 6명
④ 7명

7. A 사원은 이번 연말에 인센티브 수혜자 명단을 작성하려 ...
직원에게 인센티브를 제공한다면, 이번 연말에 인센티브를 ...
① 김병순
② 나지윤
③ 최예진
④ 윤승영

정보기술개발

1. S기업의 제품SW개발팀에 ... 김팀장은 프로토그램 개발 시 오픈소스 사용을 고려하고 있습니다. 사용 시 고려사항이 **아닌** 것은?

① 라이선스 공유
② 사용자 수
③ 기술의 지속가능성
④ 구축비용

2. 다음 그림에 해당하는 역할을 바르게 연결한 것은?

① ㉠ - 제어(control), ㉡ - 엔터티(entitiy)
② ㉠ - 경계(boundary), ㉡ - 엔터티(entitti)
③ ㉠ - 경계(boundary), ㉡ - 제어(control)
④ ㉠ - 제어(control), ㉡ - 경계(boundary)

3. 정규화(Normalization)에 대한 설명 중 **잘못된** 것은?
① 제1 정규화 - 새로운 실체와 1:N 관계 추가
② 제2 정규화 - 주식별자에 완전하게 종속되지 않는 속성 제거
③ 제3 정규화 - 반복되는 속성이나 Group 속성 제거
④ 제3 정규화 - 주식별자에 이행종속 (Transitive Dependency)되는 속성제거

4. 반정규화(Denormalization) 사용시기가 **아닌** 것은?
① 다량의 범위를 자주 처리해야 하는 경우
② 특정범위의 테이터만 자주 처리하는 경우
③ 처리범위를 줄이지 않고는 수행속도를 개선할 수 없는 경우
④ 데이터 구조의 안정성 및 무결성 유지하는 경우

5. 다음 중 정적 다이어그램에 해당되지 **않는** 것은?
① 클래스 다이어그램(Class Diagram)
② 객체 다이어그램(Object Diagram)
③ 유스케이스 다이어그램(Use Case Diagram)
④ 배치 다이어그램(Deployment Diagram)

6. 다음 중 응집도와 결합도의 유형과 설명이 **다른** 것은?
① 통신적 응집도 - 동일한 입력과 출력을 사용하여 다른 기능을 수행하는 활동들이 모여 있는 경우
② 자료 결합도 - 모듈 간의 인터페이스로 전달되는 파라미터를 통해서만 모듈 간에 상호 작용이 일어나는 경우
③ 논리적 응집도 - 연관된 기능이라기보다는 특정 시간에 처리되어야 하는 활동들을 한 모듈에서 처리할 경우
④ 스탬프 결합도 - 모듈 간의 인터페이스로 배열이나 오브젝트, 스트럭처 등이 전달되는 경우

7. 다음의 웹서비스 구성도 내 빈칸에 들어갈 내용으로 맞게 연결된 것은?

〈보기〉
가) SOAP(Simple Object Access Protocol)
나) UDDI(Universal Description Discovery Integration)
다) WSDL(Web Service Description Language)

① a-가, b-나, c-다
② a-나, b-가, c-다
③ a-가, b-다, c-나
④ a-가, b-다, c-나

8. 〈보기〉에서 괄호 안에 들어갈 말로 적절한 것은?

〈보기〉
( )는 네트워크에 분산되어 있는 정보를 서비스 형태로 제공하여 표준화된 방식으로 공유하는 기술로서 서비스 지향 아키텍처 (SOA, Service Oriented Architecture) 개념을 실현하는 대표적인 기술이다.

① 웹 서비스(Web Service)
② 애플리케이션(Application)
③ 오픈 소스(Open Source)
④ 미들웨어(Middleware)

🌳 **면접 방식과 예시(사례)**

　면접의 경우도 채용직무와 관련된 경험 또는 직무수행 상황을 상정하고 면접자의 질문을 통해 평가한다. 또한 주제를 부여하고 다수의 지원자 간 토론형식을 진행하거나 해당 주제에 대한 P/T(발표)를 통해 평가를 한다. 채용 자료실의 직군별 취업 면접문항 메뉴에서 지원분야의 직무에 대한 다음과 같은 유익한 자료를 얻을 수 있다.

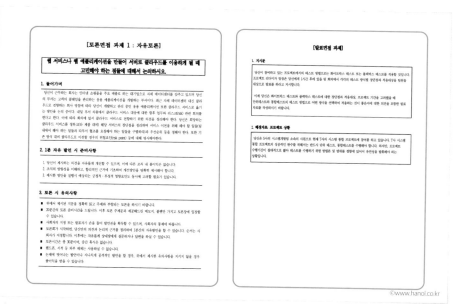

🐚 그림 13-9_ 상황면접 도구

🐚 그림 13-10_ 토론면접과 발표면접 도구

NCS 온라인학습 사이트(https://www.ncs.go.kr/blind/bl05/RH0501List.do?dirSeq=143)에는 NCS 직무러닝 메뉴와 미디어 학습자료 메뉴로 구분되어 있으며, 2022년 현재 총 923여 개의 NCS 관련 동영상 강좌가 탑재되어 있다. NCS 활용가이드, NCS 해법

특강을 비롯하여 채용과 관련한 기초직무역량별 동영상 강의와 자기소개서 작성방법, 면접방법에 관한 취업준비생 과정 등 강의 동영상이 탑재되어 있다.

뿐만 아니라 다수의 NCS 학습 모듈을 기반으로 한 800 여개의 훈련교육 과정 동영상 강의가 탑재되어 있으며 계속해서 동영상 강의가 개발되어 가고 있다. 취업하고자 하는 직무분야의 직무역량과 취업역량 향상을 위해서 필요한 동영상 강의를 선택적으로 활용하면 성공적인 취업에 큰 도움이 될 수 있을 것이다.

NCS 사이트의 메뉴 따라하기를 이용하기를 바란다. NCS 홈페이지에서 우측의 취업준비생 전용페이지 메뉴에서 NCS 따라하기는 지금까지 설명했던 NCS 사이트 전반 메뉴를 활용하는 방법에 대한 튜터리얼 데모스트레이션을 제공하고 있어 이를 따라 NCS 활용방법을 충분히 습득할 수 있을 것이다.

🌳 메뉴 따라하기

https://www.ncs.go.kr/web/tutorial/tutorial03_01_01.jsp

©www.hanol.co.kr

에필로그

저자들이 책을 쓰는 과정에서 이야기를 나누다 보면 대략 몇 가지 주제들이 자연스럽게 나타난다. 요약해 보면,

1) 지방으로 갈수록 지원하는 회사와 직무에 대해 명확한 목적과 이해를 하는 청년이 적다.

2) 기업의 채용 프로세스와 무엇이 중점사항인가를 모른다.

3) 직무수행능력 중심의 채용에 대한 이해도가 낮고 면접질문에 회사와 직무가 아닌 자신의 이야기를 한다.

4) 면접관이 무엇을 관찰하는가를 모른다. 대답만 잘하면 합격할 줄 안다.

5) 불합격이 되어도 사유를 말해주지 않기 때문에 왜 떨어졌는지를 모르고 또 알려고 하지도 않는다.

6) 자신의 네트워크를 활용할 생각이 적다.

7) 무엇보다 간절함이 적다.

이런 현상들은 어제 오늘의 일도 아니고 대다수 지원자들에게서 느끼는 문제이다. 결국 악착같지 않거나 전략이 없는 것이다.

　저자들은 1990년대 말, 국가의 외환금융위기 이른바, IMF 구제금융을 지원 받았던 당시, 어려움을 겪은 사례가 있다. 그 금융위기가 해소될 즈음, 직장인들과 청년들이 무방비 상태로 또다시 이런 어려움을 겪어서는 안 된다는 생각을 갖고, 여러 명의 전문가들이 모여서 직장인들의 직무역량을 향상시키는 학습카페를 만들었다. 공부할 장소는 무상으로 제공을 받아 편리하게 사용하도록 도와주는 곳이 많았다. 리더십프로그램, 자기개발, 커리어 관리 등의 프로그램을 스스로 만들어 확산하는 학습분위기를 조성하면서 자발적 학습참여 노력을 유도했다. 그 분위기는 지금까지도 이어져서 십수년 전에 어설펐던 내용이 특정한 학습과정으로 자리잡았고, 학습지원 전문조직의 책임자가 되기도 하면서 여전히 청년들과 직장인을 위한 일자리, 직업과 진로, 직무역량강화 지원활동을 이어가고 있다. 스스로를 '학습의 안내자'로 생각하고, 사회가 어려울 때 우리가 무엇인가 할 수 있는 일을 하자는 평소의 뜻이 자연스럽게 모아져 코로나로 힘들었던 2년여 시간 동안 청년취업 문제, 중견 강소기업의 인력부족 문제 등에 대하여 평소 면접관 활동, 강의활동, 기업지원 HR컨설팅을 하면서 가장 먼저 해결할 문제라고 생각했기에 이 책을 내게 된 것이다.

　이 책에서는 2021년 전반기와 후반기 채용 프로세스를 바탕으로 필요한 내용을 전개했으므로 바로 몇 달 전의 현실을 담고 있다. 따라서 지원자들은 새로운 취업 스펙은 무엇이며, 인성을 왜 중요하게 여기며, 직무수행능력을 왜 보려고 하는지 등을 눈여겨보기 바란다. 그리고 어느 시점부터 어떻게 자신의 취업 로드맵을 설계하고 수행해 나가는 것이 맞는지 등을 확인하고 실천하기를 바란다. 부디 이 책을 통해 청년들은 물론 은퇴자들도 원하는 직장과 직업을 얻고, 모든 기업들은 더욱 좋은 일자리를 창출하면서, 인재를 찾는 문제에서 조금이라도 고민을 덜 수 있기를 바란다.

저자소개

감성근(이메일 kamskam@hanmail.net)
• ㈜휴먼인사이트 및 한컨설팅그룹 수석파트너로 HR, HRD체계구축과 실행, ESG경영, NCS집필 및
기업활용 컨설팅, 고용노동부 등 취업서비스기관 심의위원으로 활동. A.A.Korea 컨설턴트, 쌍용차
인사부장 및 인재개발원장, 한국교통대학교 전담교수 역임(인사제도, 직원몰입, 교육체계, HRD기관
운영, ESG경영 등 HR, HRD설계와 실행 전문가).

박양근(이메일 kopopia@gmail.com)
• ESG경영 관련 진단평가·교육·ESG경영보고서 컨설턴트 및 공공기관 면접위원 활동 중. 한국교통대
학교 교수, 충북청년창업사관학교 센터장, 한국폴리텍대학 학장을 역임하며 기업과 사람의 성장을
돕는 활동 수행. 인적자원개발론, 창업과 기업가정신 등 저서 10권. 경영학박사, 경영지도사.

변무장(이메일 bmj580@hanmail.net)
• 한국산업인력공단(37년)에서 인사담당 부장 및 임원 역임, 직업능력개발·평가·취업, 블라인드채용
등 N-HRD 정책개발 및 집행관리. 경성대학교(IPP 사업단장), 코리아리크루트(취업사관학교 대표)
재직 중, NCS 기반 취업교육 지도, 공공기관 면접위원, NCS기업활용 컨설팅수행. 경영학박사.

홍석기(이메일 skhong33@naver.com)
• 현재 기업 및 공공단체 전문강사, 글로벌리더십연구소 대표, 칼럼니스트.
• 코리안리재보험 근무, 한국강사협회 회장 역임. 서울디지털대학 겸임교수 등. 저서로 '오늘도 계획만
세울래?' 외 4권과 번역서 '글로벌 코스모폴리탄' 외 3권.

홍석환(이메일 no1gsc@naver.com)
• 삼성경제연구소, GS칼텍스, KT&G에서 HR업무를 수행하며, 15권의 책 저술, 800편 이상의 HR이
슈 기고, 매년 100번 이상의 강의, 컨설팅 자문을 수행하는 36년차 HR전문가. 현재 홍석환의 HR전
략컨설팅 대표.

코리아리크루트
인사 채용 전문가 5인이 제안하는

취업의 비법

초판 1쇄 발행 2022년 8월 10일

저　　자　감성근·박양근·변무장·홍석기·홍석환
편 집 인　임순재
펴 낸 곳　(주)한올출판사
등　　록　제11-403호
주　　소　서울시 마포구 모래내로 83(성산동, 한올빌딩 3층)
전　　화　(02)376-4298(대표)
팩　　스　(02)302-8073
홈페이지　www.hanol.co.kr
e - 메 일　hanol@hanol.co.kr
I S B N　979-11-6647-248-0